JN409379

아직은 꽃

아직은 꽃

신서영 수필집

수필과비평사

■ 작가의 말

이기대 공원 길을 걷는다. 입동이 지나자 새벽 공기가 제법 차다. 단풍 든 벚나무 잎이 소슬바람에 마구 흩날린다. 점묘화 같다. 발밑에서 바스락거리는 소리가 빨갛게 익은 가을을 밀어낸다. 낙하하는 잎들에 지난날의 연분홍 꽃이 포개진다. 별리의 흐느낌처럼 멀어져가는 꽃의 생애.

큰 고개 쉼터에서 차를 마시고 약수터로 오른다. 오솔길이다. 도토리가 지천으로 떨어져 있다. 털모자만 남은 걸로 봐서 알맹이는 사람들이 죄다 빼내 간 모양이다. 참나무 역시 잎도 열매도 떠나보낸다. 미련이나 애착이 없다. 가진 것 다 떨쳐내고 나목으로 시린 겨울을 견디며 봄을 기다릴 것이다.

산길을 걸으며 늦가을 바람과 햇살이 쏟아낸 말들을 주워 담는다. 자연이 불쑥 건네는 생각들은 내 가슴 속에서 오래도록 반짝이며 살아 숨 쉰다. 그것은 세상이 던져 준 삶의 무게를 가볍게 하고, 할퀸 생채기를 치유한다.

첫 수필집을 엮은 지도 칠 년여의 시간이 흘렀다. 그동안 '메니에르'라는 고약한 친구를 만나 몇 해를 아무것도 할 수가 없었다. 내 몸이 중심을 잃고, 내 안의 나를 통제할 여력이 없어 나락으로 떨어졌다고나 할까. 독서나 글을 쓰는 것도, 컴퓨터 앞에 앉아있는 것조차 못하는 삶은 차라리 고행이었다. 그때마다 힘겨움을 함께 나누고, 지극정성으로 보살펴준 가족들이 있어 건강을 되찾을 수 있었다. 아픈 기억들을 묻어두고 여러 매체에 발표했던 글들을 묶어 두 번째 수필집을 낸다.

흰 꽃이 흐드러진 나무 그늘에서 책을 읽으며 차 한 잔의 여유를 즐긴다. 진한 커피 향과 싱그러운 꽃향기가 오감을 파고든다. 젊은 날의 열정이 그리워 가만히 향을 머금는다. 안온하다. 엄마의 삶이 늘 이랬으면 좋겠다고 책 표지 그림을 선뜻 그려준 딸에게 고마움을 전한다.

2022년 겨울

이기대 해변에서

■ 차례

2 빈빈 가는 길

■ 차례

3 뒷모습을 읽다

4 별난 여자

금목서의 그윽한 향기가 바람보다 먼저 달려왔는지 답답하던 가슴이 후련해진다. 달콤한 밀어처럼 은밀하게 다가선다.
향기는 추억을 부르고, 그 향기를 몸속에 다독다독 새겨 넣는다.
그러고 보니 외유내강하는 선비의 꼿꼿한 성정을 닮은 꽃이랄까.

1. 향기는 공감각적이다

향기는 공감각적이다

딱 열흘이다. 피어있는 시간이 짧아 그토록 매혹적인가. 금가루를 뿌려놓은 듯 자잘한 꽃이 피는가 싶더니 비가 내리자 이내 시들고 향기마저 뚝 끊어진다.

꽃이 지는 모습도 여느 꽃과는 사뭇 다르다. 꽃잎이 떨어져 바닥에 구르는 것이 아니라 잠시 머물다 흔적도 없이 사라진다. 수행에 든 고승이 열반하는 것처럼 미련이나 집착이 없다. 꽃 핀 자리에서 그대로 풍장에 든 모습은 세속의 욕심을 끌어안고 살아가는 나를 부끄럽게 한다. 며칠이 지나면 열매도 하나 남기지 않고 그 흔적마저 온데간데없다.

아파트 정원은 오래 살아도 낯설기만 하다. 줄자로 눈금을 잰 듯 반듯하게 모양새를 갖추어 인위적으로 꾸민 탓이리라. 아파트도 나이를 먹다 보니 조경수가 우거지고, 말끔하던 보도블록 틈새로 잡초가 솟고 민들레도 제법 널찍하게 삶터를 이루었다. 시멘트 담장에는 넝쿨 식물이 제 터전인 양 벽을 타고 기어오른다. 이른봄부터 꽃은 무더기로 피고 지고, 가을이면 단풍이나 열매로 저마다의 맵시를 드러내어 과시하지만, 추운 겨울에는 나목으로 외롭게 지낸다. 그러나 사철 푸른 잎을 매달고 서 있는 소나무나 향나무, 금목서는 웬만해선 표정을 바깥으로 잘 나타내지 않는다. 그래선지 우직하고 심지가 곧은 사람과 닮았다는 느낌을 받는다.

우리 아파트에서 금목서가 꽃을 피운다는 사실을 제대로 기억하는 사람은 드물 것이다. 사철 딱딱한 푸른 잎을 매달고 있는 나무이기 때문이다. 나 역시 그랬다. 수문장처럼 늠름한 자태로 경비실 앞을 지키고 있었는데도 말이다. 귀뚜라미 울음소리 걷히고, 밤공기가 쌀쌀해지면 그때야 나무의 존재를 알아차린다. 시퍼런 잎사귀 사이에 숨어서 피는 꽃, 꽃송이가 좁쌀 같아 자세히 들여다봐야 보이는 꽃송이는 아름답다기보다 소박하고 수수하다. 그러나 강렬한 향기를 퍼뜨리면 그 치명적 마력에 이끌릴 수밖에 없다. 매혹적인 향기에 취해 가까이 코를 갖다 대면 노란 꽃이 내게 말을 걸어온다. '내가 금목서요.' 하고.

나는 그만 향기의 그물에 사로잡히고 만다. 오죽했으면 만리향이라 부르지 않는가. 장미꽃이 성숙한 여인의 분내 같은 고혹적인 향을 풍긴다면, 금목서는 잠깐만 맡아도 아찔한 향으로 인간의 존재감을 세뇌시킨다.

상큼한 샴푸 향기도 풋풋한 비누 냄새도 아니다. 감미롭고 진한 향내가 뿜어져 사방으로 퍼진다. 총총걸음으로 출근하는 사람들이나 책가방을 메고 가는 학생들의 발걸음도 꼼짝없이 붙들린다. 이들은 향기의 은신처를 찾아 나무 아래서 코를 발름대며 두리번거린다. 기별도 없이 불쑥 찾아든 반가운 손님처럼 청신한 향기에 취해 어쩔 줄을 모른다. 공기의 흐름에 몸을 맡긴 채 숨을 깊숙이 들이마신다. 마음이 환해지면서 기분이 상쾌하다.

목서의 종류로는 금목서와 은목서가 있는데 옛 선비들은 이들을 지극히 아껴서 가지치기나 나무를 가꾸는 일을 남에게 맡기지 않고 손수 했다고 한다. 16세기 말 중국의 '원중랑'은 그의 저서 『병사』에서 나무에 물을 주는 방법을 자세히 기록해 놓았다. '꽃에 물을 주는 것은 취객을 깨우는 빗방울처럼, 금방 길어온 샘물로 스며드는 이슬처럼 뿌려주어야 한다. 특히 텁수룩한 머슴이나 하녀에게 맡겨서는 안 되며, 매화는 세상을 등진 학자에게, 모란은 단장한 예쁜 처녀에게, 국화는 고인을 사모하는 자에게, 목서는 총명한 아들에게 그 일을 맡기는 것이 좋다.'고 했다. 요즘은 기후 온난화로 늦가을이라도 기온이 따뜻하지만, 옛날에는 서리가 내리는 추위 속에서 맑은 향기를 더하는 목서는, 차분하고 이성적인 판단과 총명한 지혜를 중요시하는 아들에게 어울린다고 생각했던 모양이다. 나무 한 그루에도 예사로 넘기지 않던 선조들의 고졸한 정신문화가 놀랍기만 하다.

아파트로 이사 오기 전에 살았던 주택에는 마당이 넓어 정원수가 많았다. 대문보다 더 높이 자란 금목서가 만개하는 11월은 온 집안이 화사한 향기로 넘쳐났다. 지나가는 사람들도 그 향기가 궁금한지 대문 앞에서 서성거리기도 했다. 늦가을의 정취를 더하는 꽃이 필 때쯤이면 은근히 기다려지기도 했다. 어린이집에서 돌아온 아들은 좁쌀 같은 노란 꽃을 고사리손으로 듬뿍 주워서 내 손에 올려주었다.

"엄마, 이상해. 왜 꽃에서 엄마 화장품 냄새가 나는 거야."

그뿐만이 아니었다. 소엽란이나 관음소심이 꽃을 피워도 꼭 화장품 냄새가 난다면서 내 손을 붙잡아 꽃향기를 맡게 했다.

한 번도 향이 짙은 화장품을 바르거나 향수를 뿌리고 다닌 적도 없는데 아들은 그렇게 제 생각을 또박또박 말했다. 그 행동이 대견해 아이를 품에 껴안으면 뽀송뽀송한 얼굴에서 아직 젖내가 솔솔 풍기는 듯했다. 서른 어디쯤일까. 고급 화장품을 바르거나 향수를 뿌리지 않아도 향기가 난다던 그 젊음이 다 어디로 갔는지 모르겠다. 온몸이 저절로 금목서처럼 향기를 내뿜던 그 아름다운 꽃의 시절은 온데간데가 없어져 버렸다. 두 아이의 아비가 된 아들은 그때의 엄마 향기를 지금도 기억하고 있는지 알 수 없다. 다만 세상일이란 게 지나고 보면 힘들 때도 많았지만, 텅 빈 둥지를 지키는 지금보다 어린 자식을 품에 안고 있던 그때가 내 인생에서 가장 곱고 향기로운 시절로 느낄 뿐이다.

꽃 중의 꽃은 누가 무어라 해도 엄마가 아닐까. 엄마의 향기 또한 금목서 향처럼 깊고도 두터워 수만 리 밖으로도 날아간다. 사람이 죽으면 꽃으로 환생한다고 했던가. 내 유년의 기억 속에 생생하게 살아있는 당신은 희고 소박한 찔레꽃이었다. 잠깐 스쳐간 인연이라 더 애절하다. 찔레꽃이 피면 나 역시 아들처럼 코티 분내 같은 향기 속에서 일찍 생을 마감해야 했던 당신의 서러운 이야기를 후각으로 듣는다. 아니 찔레꽃 가시가 온몸을 아프게 찌른다. 사무치는 통한 속으로 빠져들게 만드는 당신은 봄이면 내 안의 뜰에서 꽃으로 피고, 나는 당신의 향기를 맘껏 음향하며 짧았던 인연이나마 붙잡아 두고자 애를 쓴다. 무심코 흘린 향기 속에 당신과의 추억이 한꺼번에 터져 나온다. 그 향기에 코가 먹먹해지고, 당신을 향한 그리움은 더더욱 선명해진다. 한 번의 눈길에도 마음부터 젖어 드는 나에게 마르지 않는 영원한 모성으로 남는 꽃이 찔레꽃이다.

금목서의 그윽한 향기가 바람보다 먼저 달려왔는지 답답하던 가슴이 후련해진다. 달콤한 밀어처럼 은밀하게 다가선다. 향기는 추억을 부르고, 그 향기를 몸속에 다독다독 새겨 넣는다. 그러고 보니 외유내강하는 선비의 꼿꼿한 성정을 닮은 꽃이랄까. 잠시 낙향하여 은거에 든 그가 임금에게 올리는 비수 같은 상소문 같기도 하다. 금목서 화향花香은 그 문장이 주는 여향餘香이 아닐까. 나무가 꽃을 피우는 동안 나는 꽃그늘 밑에 자주 서성거렸지만, 단 한 줄의 문장도 받아 적지 못한 채 짧고 간결한 꽃향기만 그리워할 뿐이다.

금목서는 다시 긴 동안거에 들 것이다.

우물

정수기는 우리 집 우물이다. 깊은 샘에서 두레박으로 퍼 올린 물은 아니지만, 이십층이라는 깊이를 지닌 마르지 않는 정갈한 물이다. 손가락으로 살짝 터치만 해도 금방 맑은 물이 졸졸 흐른다. 오목한 백자 사발에 떨어지는 물줄기는 심심산골의 약수처럼 청량한 기운이 돈다. 물은 방울방울 옹알거리며 둥근 파문을 그리다가 이내 잠잠해진다.

아침 일찍 정수기에서 첫물을 받는다. 정화수다. 주방 등 불빛에 백자 사발은 새하얗게 빛나고 물은 더더욱 말갛다. 가슴에 두 손을 모으고 오늘 하루도 가족들이 무탈하길 기원한다. 상쾌하다. 무언가 좋은 일이 있을 것 같은 예감이 든다.

상수도 물을 불신하던 때가 있었다. 낙동강 하구에서 취수한 물은 아무리 소독하고 정수를 한다고 해도 그게 그 물이라며 끓여 먹어도 찜찜했다. 그때는 정수기도 없었다. 그이는 매일 아침 등산길에서 약수를 받아 날랐다. 하지만 식구가 많다 보니 생수로 마시기엔 턱없이 모자랐다. 주말이면 큰 플라스틱 물통을 차에 싣고 범어사로 향했다.

이른 새벽이라 사람들의 발길이 뜸한 산사는 고요하고 맑았다. 짙은 운무 속에 너럭바위는 모두 마애불같이 보여 마음이 묵직했다. 어둠을 깨우는 약수터의 물소리가 스님의 법문처럼 들렸다. 쪽박에 물을 받아 한 모금 마시면, 정수리에 죽비를 한 대 맞은 듯 정신이 번쩍 들었다. 금정산 고당봉 금샘의 줄기에서 발원한 물맛은 차고 달았다. 그이가 물을 통에 채우는 동안 나는 법당에서 백팔배를 올렸다. 진학을 앞둔 아들과 딸을 위해 내 간절한 마음을 담았다. 그렇게 우리는 시시때때로 달라지는 금정산의 오묘한 사계를 보며 한동안 약수를 길어 날랐다.

그때는 잠도 모자라 그만두고 싶은 유혹에 마음의 갈등도 잦았다. 그럴 때마다 "너희들을 위해서 할미가 할 수 있는 일은 고작 이것뿐이다."라고 하시며 새벽마다 정화수를 떠 놓고 치성을 드리시던 유년의 할머니 생각에 느슨한 마음을 다잡곤 했다. 나약한 당신께선 우물이 신앙이었다. 아무리 퍼내어도 퍼낸 만큼 다시 차고 찰랑거리는 우물을 신성하고 귀하게 여겼다. 그 우물이 마음에 자리 잡고 있어 윤택한 살림은 아니어도 넉넉했고 순박하게 살았는지도 모른다.

대형 마트에 가면 갖가지 종류의 생수들이 진열대를 가득 메우고 있다. 해외에서 수입된 유명 브랜드부터 전국에서 취수한 생수들이 다양한 이름을 걸고 소비자의 선택을 기다리고 있다. 생수 브랜드가 이백 가지가 된다니 어떤 것을 마셔야 할지 혼란스럽다. 저마다 자연에서 솟아 나온 살아있는 샘물이라고 솔깃한 광고를 하지만, 미세한 물맛의 차이를 내

혀는 감지할 수 있을까. 마치 잃어버린 우물물을 이곳에서 찾는다고나 할까. 고향 집 깊은 우물을 생각하며 자꾸만 서성거린다. 페트병에 담긴 생수는 저마다의 그리움이다.

여리고 순수하다고 생각한 물의 위력은 대단했다. 한 방울의 물이 어떤 무기보다 가공할 무서운 존재였다. 일주일 전부터 아파트 물탱크 청소로 한나절 단수가 된다는 안내문이 출입구 게시판과 엘리베이터에 붙어있었다. 저녁에 물을 받아둔다는 것을 서울에서 아들 식구가 내려오는 바람에 깜박 잊었다. 아침에 재차 방송하였지만, 관심을 두지 않았다. 네 살배기 손녀와 백일 지난 손자 녀석의 재롱에 정신이 홀딱 빠져있었다. 옆에 사는 딸내미 식구들까지 합세해 온 집안이 시끌벅적했다. 오랜만에 어미 둥지에 모인 가족들이다. 힘들어도 자식들이 좋아하는 것은 다 먹이고 싶은 것이 모성인가 보다. 푸짐하게 아침상을 준비하느라 나 역시 정신이 없었다.

식사를 먼저 끝내고 출근 준비를 하던 그이가 수돗물이 나오지 않는다고 했다. 아뿔싸! 그때야 단수 생각이 났다. 당장 쓸 물이 한 방울도 없다. 그이는 생수 한 병으로 양치와 고양이 세수를 하고 출근을 하는데 뒷모습이 추레해 보였다. 주방은 난장판이고 식탁은 치울 엄두도 내지 못했다. 산더미같이 쌓인 빨래는 또 어쩔 것인가. 제일 난감한 것이 화장실이었다. 진수성찬을 배불리 먹었으니 화장실이 급하다. 손녀는 응가한다고 울고, 난리가 별다른 것이 아니라 이게 바로 난리판이다. 어쩔 수 없이 양동이를 들고 물 동냥을 나섰다.

앞집은 초인종을 눌러도 기척이 없다. 위아래층도 이미 출근을 한 모양이다. 몇 층을 더 내려가 겨우 물을 얻었다. 수도꼭지만 틀면 콸콸 흐르던 흔한 물이 귀하디귀한 존재로 격상했다. 아니 물 없이는 아무것도 할 수가 없었다. 한 바가지 물도 두세 번 재활용하며 아껴 썼다. 한 번 겪어보지도, 미처 생각지도 못했던 사태가 벌어진 것이다. 지금 생각해도 끔찍한 그 일은 유달리 물을 헤프게 쓰는 나에게 어떤 경고였지 싶었다.

꽉 조인 페트병 뚜껑을 비틀어 열 듯, 닫혀 있는 기억의 문을 열면 거기 유년의 옛 우물이 자리 잡고 있다. 감나무, 석류나무, 구기자나무, 골담초가 뿌리를 내리고 있던 깊은 우물은 삼복더위에도 등목하면 온몸에 소름이 돋았다. 오랜 가뭄에도 물 수위는 항상 그대로였다. 낮에는 감나무 잎 사이로 비치는 햇살이, 밤에는 달빛이 오롯이 우물에 들어차 있기도 했다. 두레박을 내리면 달은 은빛으로 부서져 두레박에 담겼다. 두레박에 코를 박고 그대로 벌컥벌컥 들이켜도 배탈 한 번 난 적이 없었다. 어쩌면 해와 달을 마셨기 때문인지도 모르겠다. 나이가 들어갈수록 내 마음속에 자리한 그 우물이 그리워 자주 갈증을 느낀다.

정수기에서 내린 차가운 물 한 컵을 천천히 마신다. 머릿속이 명쾌하고 마음이 차분해지는 느낌이다. 낙동강의 오래된 역사가 내 몸의 피돌기를 따라 길을 내며 흐른다. 내 안의 우물에서 명징한 그리움이 마르지 않고 샘솟는다. 밤마다 꿈속에서 두레박질하는 나를 본다.

리모델링

신발도 벗지 못한 채 현관에 우두커니 서 있다. 육십 호 크기의 능소화꽃 그림이 밝은 조명등 아래 생동감 있게 피어난다. 염천 더위도 집어삼킬 현란한 꽃 빛이다. 온몸을 활활 태우는 꽃불에 닿은 마음이 뜨겁다 못해 섬뜩한 전율을 일으킨다. 황홀하고 요염한 저 빛깔은 분명 인간 세상의 것은 아닌 것 같다.

그런데 이건 또 뭐야! 거실 한쪽 벽을 거의 다 채우고 있는 그림이다. 활짝 핀 접시꽃이 산들바람에 하염없이 흔들리다가 인기척에 놀라 숨죽이고 있는 듯하다. 선홍빛, 분홍, 연보라, 흰색의 조화가 싱그럽고도 상큼하다. 백호 크기로, 잘 가꾼 시골집의 소담한 꽃밭 같다. 그뿐만이 아니다. 패랭이꽃, 도라지꽃, 참나리꽃은 한두 송이라도 원색의 바탕 위라 그런지 요염하기가 그지없다. 형형색색 눈부신 꽃, 여남은 개가 넘는 다양한 그림이 곳곳의 벽을 장식하고 있다. 모두가 한여름의 정점에 서 있는 꽃들이다. 이 집은 여름 땡볕마저도 뜨겁게 농익었다.

리모델링을 막 끝내고, 살림살이도 아직 옮기지 않은 아파트에 그림이 먼저 둥지를 틀었다. 그림이 돋보이게 벽도 마루도 주방도 온통 화이트에 문짝만 은근한 그레이다. 그 분위기는 어느 갤러리에 온 느낌이다. 그녀는 살림살이도 의식주에 꼭 필요한 것만 간소하게 새로 장만했다고 귀띔한다. 이 집의 주인공은 단연 그림이다.

"이제 꽃 속에 살겠네."

"이 집에서 밥을 해 먹으면 안 되겠다."

이런저런 덕담을 나누는 지인들도 모두 그림 속의 꽃이 되어 깔깔거린다. 그림은 고희를 훌쩍 넘기고도 왕성한 작품 활동을 하는 시누이가 막냇동생에게 선물한 것이라고 했다. 정교하고 세밀한 묘사 덕에 꽃잎 하나하나가 살아있는 듯하다. 가장 한국적인 꽃, 서민들의 애환이 물씬 풍기는 소박한 꽃이 아니던가. 그림을 보고 있으면 봉선화꽃으로 손톱에 물들이던 소꿉동무가 그립다. 요즘은 어디서도 보기 힘든 꽃은 지나간 기억을 생생히 되살아나게 만든다. 결혼하고, 서른 해가 넘는 동안 맞벌이하면서도 아이 키우며 힘든 시간을 견뎌온 그녀다. 이런 삶에 그늘이 진 그녀의 얼굴도 오늘은 하얀 접시꽃처럼 맑고 곱다.

리모델링은 가득 채우고 있던 불필요한 것을 과감하게 비우는 작업이라고 한다. 그걸 알면서도 실천하기에는 그리 쉬운 일은 아니다. 우리 집도 휴가차 내려온 어린 손주들 때문에 거실 탁자와 잡다한 물건들을 안방 베란다로 다 치웠다. 그런데 아들 가족이 돌아간 지가 스무날이 지났는데도 물건들은 그대로 두고 있다. 불시에 생긴 너른 여백이 참 좋다. 거실에 앉아있으면 쾌적하고 가슴이 탁 트인다.

그녀의 집을 서둘러 방문한 것도 우리 집 리모델링을 하기 위해서다. 얼마 전 근거리에 새로 지은 아파트로 옮겨볼까 하고 계획을 잡아보았으나 남편은 이사하는 것이 싫은 내색이다. 그이와 마흔일곱 해를 살면서 이사는 세 번을 했다. 대가족이 대대로 내려온 묵은 주택 살림을 거의 다 처분하고 이 아파트로 왔는데 이제는 그 많던 식구도 다 떠나고 둘만 남았다. 지금은 사용하지 않는 가재도구들이 구석구석 들어앉아 골머리를 앓는다.

그녀의 집에 갔다 오니 마음에 조급증이 생긴다. 이참에 우리 집도 왕창 버리고 분위기를 확 바꿔버릴까. 불볕더위가 마음에 더 불을 지른다. 당장에 인테리어업자를 불렀다. 이곳저곳을 살피던 남자는 고개만 갸우뚱거린다. 이 많은 짐을 다 옮기지 않고는 공사가 힘들겠다고 한다. 막내인 그녀의 집과 대소사가 많은 우리 집은 상황이 다르다.

열두 폭 산수화 병풍은 무겁고 커서 아파트에서는 한 번도 펼쳐보지도 못하고 장롱 위에 고이 잠자고 있다. 그뿐만이 아니다. 크고 작은 수석들과 고가구, 어머님의 소중한 재산 앉은뱅이 재봉틀, 대대로 내려온 다듬잇돌과 돌절구는 어떻게 해야 하나. 아버님이 애지중지 보살펴온 석부작 소엽란은 거실 베란다를 다 차지하고 있다. 아무리 거치적거린다고 해도 자자손손 물려주고 싶은 물건들이 아닌가.

유월 장마가 시작할 무렵부터 꽃대를 올린 소엽 풍란이 칠월까지도 꿉꿉한 집안을 향기로 가득 채운다. 주택에서 함께 지내다 따라왔으니 삼십 년 가까이 된다. 그 오랜 정 때문인지 해마다 흐드러지게 꽃을 피운다. 창가에 어둠이 내리고 정적이 깊어지면 향은 나풀나풀 가슴을 파고든다. 어느 개울에서 사뿐 날아든 꼬리가 긴 물잠자리를 닮았다. 아버님의 기척인가 싶어 귀를 기울이면 바람 소리와 함께 청청한 물소리가 들리는 듯도 하다. 여리고 우아한 잠자리 떼들의 날갯짓에 밤잠을 설친다.

안목은 사물을 보는 것이 아니라 공감하고 느끼는 것이라고 했다. 똑같은 그림을 보더라도 어떤 이는 가격이 얼마라는 것으로 보고, 어떤 이는 미학적 가치에 둔다. 그것은 같은 눈으로도 안목에 차이가 있기 때문이리라. 최첨단 고급아파트에 살면서도 한여름날, 고택의 처마밑에 떨어지는 낙숫물소리와 시원한 대청마루를 그리워하듯이 말이다.

우리 집의 내력인 돌절구와 돌확, 수석들은 오랜 풍상에 부대낀 우리 집만의 조촐한 아름다움이 아닌가. 그렇다면 전통과 현대가 어울리면서 창출하는 새로운 변화, 즉 현대감각의 공간 어디에 앉혀도 모양새가 튀지 않고 조화로울 것이리라. 침묵하는 돌들은 변화를 갈구하는 나의 감성을 끌어낼지도 모른다. 과거로의 시간여행이 첨가된 리모델링이면 어떨까 하고 생각을 굴린다.

말복 더위가 기승을 부린다. 거실 입구에 걸려있는 그림 한 점, 〈소백산 설경〉이다. 깊은 산골짜기마다 내린 눈이 녹지 않은 하얀 설국이다. 눈구름이 산허리를 휘감고 봉우리를 슬슬 기어오른다. 고사목과 주목에는 상고대가 피어 온통 은빛 세상이다. 그림 속의 칼바람에 기세가 당당하던 더위가 한발 물러서고 거실에는 서늘한 한기가 감도는 듯하다.

아무래도 리모델링은 다시 생각해봐야겠다.

감꽃이 필 때면

내리쬐는 볕에 눈이 시리다. 하마터면 감꽃을 밟을 뻔했다. 단풍나무와 후박나무 사이에 끼어있는 키가 작은 감나무 한 그루, 아파트에 사는 사람들은 그 나무에서 꽃이 피는지 지는지 관심조차 없다. 책가방을 멘 아이들이나 유모차를 끌고 나온 젊은 세대들은 감꽃 자체를 아예 모르는 것 같다. 타인의 시선을 끌지 못하는 수더분한 꽃, 그러나 연노랑에 가까운 상앗빛의 감꽃은 내게 풋풋한 서정인

동시에 가슴속에 고이 묻어둔 애절한 꽃이다.

고층으로 숲을 이룬 대단지 아파트는 조경이 아름답다. 자연과 어우러진 생활 공간은 갖가지의 수목들로 삶의 여유를 안겨준다. 그러나 사람들의 정서는 이들의 의도와는 달리 메말라 가는 것 같다. 정원에는 화려한 꽃들이 일 년 내내 무더기로 피고 진다. 꽃 빛이 농염한 영산홍과 철쭉이 차례로 피고, 짙은 향기가 고혹적인 장미 사이에서 감꽃은 어쩌면 숨어서 피는 꽃인가. 시멘트 바닥으로 낙하한 꽃은 사람들의 발길에 차이고 짓밟힌다. 그것도 모자라 자동차 바퀴가 짓뭉개고 달아난다. 그러다가 길 가장자리로 밀리고 싯누렇게 말라 죽어간다.

아버지는 이른 새벽에 긴 싸리 빗자루로 안마당을 정갈하게 쓸어놓았다. 빗자루가 지나간 곳에는 물결무늬가 선명했다. 그 무늬 속에는 감꽃이 소복했다. 나는 잠에서 깨어나면 감나무에서 금방 떨어진 토실하고 싱싱한 감꽃을 주었다. 파란 꽃받침 속에 안기듯 핀 꽃송이는 끝이 바깥으로 살짝 말려 있고 종처럼 생겼다. 손가락으로 주워들면 내 안에서 먼저 종소리가 들렸다. 작은 돌감나무에서 떨어진 꽃은 모양도 예쁘지만, 맛도 달착지근했다. 주전부리가 귀한 시절 좋은 간식거리였다. 싸락싸락 비질하는 그 소리가 과묵한 아버지의 자상한 사랑이었음을 뒤늦게 깨닫는다.

고향 집 감나무는 집과 돌담의 배경으로 호젓하게 서 있다. 세상 풍파에 부대껴서인지 당차고 의연하다. 오월 하늘을 이고 만개한 감꽃에서 두 계절을 읽는다. 늦봄의 미련과 첫여름의 성급함이 교차한다. 새로 지은 집으로 이사하고 텅 비어있는 집, 잡초가 무성한 마당 넓은 옛집에서 늙은 감나무가 주인 행세를 한다. 나뭇가지가 부러지고 시커먼 둥치 곳곳에 옹이가 박였다. 그 상처로 인해 나무는 자연스러운 아름다움이 묻어난다. 떫고 풋내나는 유년의 중심에는 언제나 그 감나무가 우뚝 서 있다. 제 나이테 속에 나를 꼭꼭 숨기고 있는지도 모른다.

골목길 삼거리에 있는 작은 문화원은 감나무가 이 집의 주인공처럼 당당하게 자리 잡고 있다. 건물 모서리에 있는 테이크아웃 커피점은 감나무로 인해 한결 운치가 있다. 키는 크지 않지만, 사방으로 가지를 뻗쳐 그 품새가 넉넉하다. 마당을 독차지하고도 골목까지 넘본다. 당돌하면서도 패기가 넘치고 지조가 있어 보인다. 바람이 부추기면 신세대 아이돌처럼 온몸을 흔들어 춤을 춘다. 미풍이든 훈풍이든 지나가는 바람은 다 감나무에 걸터앉는다. 이파리의 녹색이 윤기가 돌면서 두터워지면 그늘도 깊어간다. 시원한 그늘에 앉아 은은하게 퍼지는 커피 향에 매료된 여인들이 수다를 떤다. 감미로운 음악과 더불어 싱그러운 오월의 바람이다. 여인네 팔뚝보다 가녀린 나무 둥치가 그 많은 가지를 붙들고도 당당하다. 강한 모성을 보는 것 같아 마음이 짠하다.

감꽃이 필 때면 얼굴도 잘 기억나지 않는 그녀가 간절하게 그립다. 맏이를 제 가슴속에 묻고, 오래 병석에 누워있던 그녀다. 애간장이 새까맣게 타들어 가는 그녀에게 어린 딸의 재롱은 아무 소용이 없었다. 식음을 전폐한 그녀에게 읍내에 있는 의사의 왕진이 잦아졌다. 그녀는 방문 밖을 나서지 못했고, 뒤란에 있는 늙은 감나무 밑에는 링거병이 쌓여갔다. 해거리하던 감나무가 그해 따라 가지마다 흐드러지게 꽃을 피웠다. 링거병 위에 톡톡 떨어진 감꽃을 고사리손으로 주웠다. 그리고 그녀가 있는 작은방 방문을 살포시 열었다. 크레졸 냄새가 방안 가득 풍겼다. 그녀는 웅크린 채 미동도 없이 누워있었다. 무서웠다. 나도 모르게 손에 쥔 감꽃을 방바닥에 놓고 잽싸게 문을 닫아버렸다. 그것이 내가 그녀를 본 마지막 모습이다. 그 얼마 후 먼저 간 아들을 따라 세상을 하직하고 말았다.

조부모님의 사랑은 각별했다. 막내 고모와 언니들, 종갓집의 대식구 속에서 그녀의 기억은 이내 잊혔다. 객지에서 공부하고 직장에 다니면서도 그녀를 생각해 본 적이 거의 없었다. 함께 한 기억이 없었을지도 모른다. 그런데 결혼하고, 내 아이를 낳고 기르면서 그녀의 생각이 간절했다. 그녀를 마지막으로 본 그날의 모습이 생시처럼 나타났다 사라져갔다. 왜 엄마라고 한 번 불러보지도 않았을까. 바보였다. 어린 피붙이를 남겨두고, 이승의 연을 끊기 위해 속울음을 삼켰을 그녀의 회한을 생각하면 내 마음에도 겹겹이 옹이가 새겨진다.

감꽃이 떨어진다. 그 소리가 한없이 무겁다. 꽃은 피고 지는데 순서가 있으나 너무 일찍 져버린 그녀를 향한 나의 그리움이 절절하다. 감꽃을 주워 손바닥에 올리면 가슴 언저리가 감물 든 얼룩처럼 짙어진다. 그녀와 함께한 짧은 봄날을 무명실에 꿰어 감꽃 목걸이를 만들까. 감꽃을 주워 하나 둘 셀 때마다 침묵하던 그녀의 음성이 들려오는 듯하다. 저 감꽃 떨어진 자리에 빨간 감이 주렁주렁 열리려나. 기다림이 깊어진다.

보이지 않는 끈

현충일 연휴다. 전국의 여행객들이 거제도에 다 모인 것 같다. 해안 순환도로는 아침나절부터 숨이 막힌다. 차들은 포승줄에 엮인 포로들처럼 움직이는 듯 마는 듯 꽁무니가 보이지 않는다. 이러다가 연휴를 차 안에서 보낼 것 같다.

'바람의 언덕'을 눈앞에 두고 차를 돌렸다. 반대 방향은 숨통이 조금 트이나 했는데 몽돌 해변에서 덜컥 발목이 잡혔다. 잠시 주차할 공간도 찾기 어렵다. 파도 소리는커녕 자동차 소리, 사람 소리가 더 크게 들린다. 뒤범벅이 따로 없다. 해변 가장자리는 축대로 막아놓고, 늙은 소나무도 나무 데크와 보도블록의 형틀에 갇힌 신세다. 바닷물이 빠진 해변의 몽돌은 뙤약볕에 허연 몸을 드러내 놓고 있다. 사람들의 발길에 무참히 짓밟혀 안쓰럽기 짝이 없다. 몽돌과 노송은 관광지 개발이라는 미명 아래 또 다른 포로들이었다.

어제의 열기를 식히려는 듯 늦은 밤부터 비가 부슬거리기 시작한다. 후박나무에 떨어지는 빗방울 소리가 선잠을 깨운다. 외등에 일렁이는 나무 그림자가 창문 가득히 수묵화를 그린다. 살포시 창을 열었다. 지세포 선착장이 한눈에 들어온다. 등대 너머로 올망졸망한 섬들은 관광객 등쌀에 피곤했던지 아직 잠들어 있다. 아름다운 선경에 넋을 빼앗겨 잠은 완전히 달아났다. 밤늦게까지 떠들썩하던 딸아이와 아들 가족은 깊은 잠에 빠졌다. 그이와 나는 도둑고양이처럼 살포시 밖으로 나왔다.

해금강에서 불어오는 바람이 상큼하다. 아름드리 후박나

무를 배경으로 언덕 위에 들어선 펜션이다. 나무 아래 서면 어슴푸레한 바다가 한눈에 들어온다. 화이트와 블루로 단장한 건물은 분위기가 아주 감각적이다. 아마도 주인장은 지중해의 낭만적인 산토리니를 연상하면서 이 펜션을 설계했을 것이리라. 딸이 엄마 마음을 헤아려 예약한 펜션이다. 그러고 보니 나는 요즘 무엇엔가 자주 목말라 있었던 것 같다.

어느새 마흔을 훌쩍 넘긴 딸이다. 나이 마흔은 인생의 반환점 같은 것인지도 모른다. 나 역시 이 나이를 지나면서 앞으로 질주하던 삶의 속도를 늦추고, 허겁지겁 살아온 날들을 되돌아보며 생각이 깊어졌던 것 같다. 딸은 부쩍 어미를 많이 챙긴다. 함께 차 마시고, 영화나 각종 작품 전시회를 보고 싶을 때는 카톡을 슬쩍 보내면 이내 오~케이 하고 응답이 온다. 시각미술과 아동 심리를 전공한 딸과의 대화는 언제나 흥미진진하다. 난해한 추상화 같은 기발하고 발랄한 딸의 생각을 훔치고 싶은 욕심도 난다. 사소한 의견 충돌로 토닥거리다가도 이내 풀어지기도 하는 부담 없는 친구 같다.

몽돌 해변에서 일출과 일몰을 꼭 마주하고 싶었다. 하지만 비가 내리는 날 우산을 쓰고 해변을 걷는 맛도 그럴싸하다. 비에 젖은 몽돌이 흑진주같이 반짝거린다. 조용한 어둑새벽에 바라보는 해변은 그윽한 비경이다. 해운대 백사장에선 비키니를 입고 바다에 풍덩 뛰어들고 싶은 충동을 느꼈었다. 그러나 몽돌해변은 심오한 생각을 하게 한다. 파도가 밀려올 때마다 물에 잠긴 몽돌이 필사적으로 요동친다. 사방으로 하얀 물보라가 눈꽃처럼 피어났다가 사라진다. 몽돌이 물길을 힘차게 거슬러 오르는 수천 마리의 물고기 떼 같다. 그러고 보니 몽돌은 파도를 따라 해안가로 밀려 나왔다 돌아가지 못한 물고기가 어석魚石이 된 것인지도 모르겠다. 몽돌 사이를 비집고 드나드는 파도가 파닥파닥 튀는 느낌을 준다.

파도는 돌을 쓰다듬을 줄 아는 모성이며 조각가다. 이렇게 넓은 해변에 깔린 수많은 몽돌은 크기와 모양새가 똑같은 것이 하나도 없다. 떠밀려온 파도에 몸을 갈고 닦은 개성이 다부지다. 두루뭉술하면서도 구멍이 숭숭한 것도, 옹이를 무늬처럼 품은 것도 갖가지다. 몽돌은 바다의 서정이며 서

사가 내장된 압축파일이다. 동글납작한 돌멩이 하나를 주워 들고 요리조리 살펴봐도 파일은 좀체 열리지 않는다. 단단한 침묵 덩어리다. 비 내리는 첫새벽에 내 발걸음이 몽돌 해변을 다시 찾아든 것도 우연은 아니었다. 어쩌면 때 없이 불쑥불쑥 분출하는 내 안의 욕구를 묵직한 몽돌로 지그시 누르고 싶었는지도 모른다.

흑진주 같은 돌 속에 붉은 돌 하나를 주웠다. 아기 손바닥처럼 앙증맞고 매끄러운 돌이다. 어떤 행운을 예감하는 귀한 돌이라는 느낌이 들었다. 그 돌 속에 내 삶의 파일이 저장되어 있을지도 모른다는 생각은 우연이었다. 그이는 차에서 내리지도 않고 메이저리그 야구에 푹 빠져 있다. 나는 선물이라며 돌을 그이 손에 꼭 쥐여 준다. 그리고 나의 심장이니 버리지 말고 잘 간직하라고 당부까지 했다. 때마침 한국 선수가 마운드에 타자로 나선 모양이다. 'DMB' 볼륨을 크게 올리며 돌은 관심도 없이 운전대 옆에 놓인 종이컵에 툭 던져 넣는다. 애국자가 따로 없다. 저토록 열정적으로 응원하는 남편은 가장 가까우면서도 때론 아주 멀리 느껴진다. 야구선수의 편이 되어 열광하는 심장 박동이 내 귓전에도 들리니 말이다.

아득한 기억 속에 남아 있는 아들의 편지 한 통이 생각난다. 그때도 골프에 빠진 그이와 냉전 중이었는데 주말에 서울에서 아들이 내려왔다. 아들은 든든한 내 편이라 여기고 속상함을 속사포처럼 쏟아놓았다. 그런데 아들은 아무 대꾸도 없이 씩 웃고 만다. 다음날 상경하면서 편지 한 통을 주고 갔다. 봉투를 여는데 나도 모르게 심장이 쿵쿵거렸다. 술을 자주 마시는 아버지보다, 운동으로 항상 젊고 건강한 모습을 보는 것이 좋다며 엄마가 아버지를 이해해 주었으면 했다. 그리고 운동도 즐기지만, 엄마의 마음을 아프게 하지 않기를 아버지께 바라는 내용이었다. 아들은 역시 제 아버지 편이었다.

해금강을 끼고 있는 올망졸망한 섬들은 영락없이 한 가족 같다. 지금은 어디를 가도 평온하고 아름다운 이곳이지만, 역사에는 아픔이 많았다. 임진왜란 때는 거북선으로 격한 전투를 치른 곳이고, 한국전쟁 때는 피비린내 나는 포로수

용소가 있었던 곳이다. 그뿐인가. 몽돌 해변의 돌도 기세등등한 파도에 얼마나 많이 아팠을까. 흑진주 같은 몽돌은 그냥 얻어지는 것이 아니었을 것이리라.

이박 삼일의 즐겁고 행복했던 추억을 가슴에 담고 거가대교를 질주한다. 운전하는 그이 옆에 앉아 깜빡 졸다 정신이 번쩍 들었다. 바닷물 속에 잠긴 주탑에 육중한 다리 상판을 끈으로 지탱하고 있는 모습이 아찔하다. 멀리서 보면 마냥 아름답게만 보이던 교량이었지만, 한 치의 오차도 없는 팽팽함에 긴장감이 돈다.

나 역시 보이지 않는 끈에 포로처럼 줄줄이 묶여있는지도 모를 일이다.

늦바람

웅장하고 깊은 저음의 선율이 내 마음을 아프게 흔든다. 온갖 세상 풍파를 다 비우고 초월한 소리 주인공이 첼로 연주가 아닐까. 그 깊은 음색의 동굴에 갇혀 불현듯 천 년의 소리를 듣는 느낌을 받는다.

요즘 첼로 선율에 깊이 빠져있다. 그것은 우연이었다. 바닷가에 있어도 바다가 보이지 않은 어느 찻집, 넓은 공간에 장식품으로 있어야 할 옛 물건들이 손님이 앉을 자리를 다

차지했다. 꼭 박물관 같다. 진열된 것은 소박하고 호젓한 아름다움이 배인 오래된 골동품은 아니다. 일상생활의 때가 묻은 잡다한 물건들이 유행에 떠밀린 것들이다. 커다란 추가 매달린 괘종시계, 화려한 꽃이 그려진 사기그릇들이 차라리 외로워 보인다.

물건들은 잘 정돈되어 있지만, 가짓수와 양이 너무 많아 고물상을 둘러보는 것 같기도 하다. 그 사이사이에 몇 개씩 놓인 의자도 세월의 더께가 쌓여 오래된 친구 같다. 앉으면 무거운 몸뚱이를 마냥 편안하게 안아준다. 지인과 대화를 나누면서도 시선은 자꾸만 주위를 살핀다. 모서리에 원앙 가족을 곱게 수놓은 베개가 차곡차곡 포개져 눈길을 사로잡는다. 누군가의 수줍은 첫날밤이 연상되기도 한다.

먹색 생활한복에 꽁지머리를 한 남자와 모딜리아니의 여인처럼 목이 가녀린 아낙이 차를 우린다. 차를 기다리는 동안 머릿속은 지나간 시간을 여행하느라 차향은 들어올 틈을 주지 않는다. 그때 나직하게 들리는 음색이 있다. 첼로 연주다. 그 탄주에 부산한 마음이 착 가라앉는다. 주인은 숯불로

약하게 직접 볶아두었다는 블루마운틴 원두를 갈아서 핸드드립으로 내린다. 한 방울 한 방울 정성을 들인다. 일반 프랜차이즈 카페에서 알바가 기계에서 뚝딱뚝딱 내려주는 아메리카노와는 차원이 다르다. 맑은 갈색이 곱고 은은한 향이 언저리에 감돈다. 한 모금 머금자 미묘한 씁쌀함과 단맛, 신맛, 향긋함이 잔잔하게 입안 가득 고인다.

편안하게 귀에 익은 첼로와 피아노 협주곡이 실내에 은근하게 깔린다. 커피 향은 더욱 깊어진다. 포레의 〈녹턴〉 작품은 한 편의 서정적인 시를 감상하는 느낌이다. 낮고 여린 음색에 때로는 허공을 가르는 바람 소리 같은 것이 끊어질 듯 애처롭다. 메마른 기억들이 하나둘 지워지고 이내 마음에 평정을 찾는다.

'마두금'이라는 악기를 티브이 화면에서 본 적이 있다. 고비 사막에서 쌍봉낙타의 우울증을 치료하는 명약이라고 한다. 어미 낙타가 산후에 스트레스를 많이 받으면 새끼에게 젖을 물리지 않고 슬금슬금 피해 다닌다. 새끼가 기운이 없어 일어나지도 못하고 있을 때, 주인장은 어미 낙타 앞에서

이 악기를 연주한다. 메마른 고비 사막의 바람 소리 같은 구슬프고 애잔한 음색이다. 그 소리를 듣자 어미 낙타가 눈물을 하염없이 줄줄 흘리며 새끼에게 젖을 물리는 것이었다. 무감각한 짐승인 줄로만 알고 있었던 낙타에게 이런 섬세한 감성이 있다는 것을 보고 가슴 한구석이 먹먹했다. 현악기는 인간의 목소리와 가장 많이 닮았다고 한다. 나 역시 쌍봉낙타와 같이 모래바람이 부는 고비 사막에 서 있는 날이 많았는지도 모르겠다. 내 안의 나를 다스리지 못할 때 오디오 볼륨을 올리고 첼로 연주를 자주 듣는다.

삶에 쫓기느라 음악에 빠져본 적은 거의 없었다. 내 삶을 되돌아보면 마흔이라는 나이를 참 좋아했다. 꽃 같은 이십 대를 지나 서른 어디쯤은, 가풍이 다른 가문의 맏며느리로 매사가 조심스러웠다. 초봄의 여린 새싹처럼 실바람에도 이리저리 흔들렸다. 어설픈 행동으로 상대를 찌르기도, 스스로 찔리기도 해 마음에 파란 멍이 자주 들곤 했으리라. 마흔은 계절로 치면 만화방창 꽃 피는 사월이 아니던가. 연보랏빛 라일락꽃처럼 아름답고 은은한 향기도 마흔 속에 가득했으리라. 그러나 화려함은 잠깐 지나가는 봄바람에 불과했다. 여름은 내 삶의 넉넉한 수확을 위해 폭우와 폭염을 견뎌야 하는 인고의 시절이었다. 지나고 보면 모두가 아쉽고 아름다운 시간이었을 것이다. 어느새 빈 들판을 지키는 허수아비처럼 허허롭게 되었다. 올이 다 해진 소맷자락이나마 가을바람에 훨훨 흔들고 싶은 심정이다.

요즈음은 지인에게 바람 쐬러 가자는 말을 자주 한다. 아마 이제까지 나를 지탱해온 삶은 바람 한 점 들일 수 없이 단단히 끈을 조이고 살았던 것이리라. 31번 국도는 끝없이 해안을 끼고 이어진다. 석양을 등지고 자동차 가속 페달을 밟으며 아찔하게 질주한다. 탁 트인 동해와 어촌 풍경이 정겹다. 푸른 바다, 하얀 파도, 붉게 물든 석양, 그 속에 풍덩 빠져들고 싶다. 낯선 길 위에서의 시간은 몸과 마음이 들뜨고 흥분된다. 오디오 볼륨을 한껏 높이고 '미샤 마이스키'의 첼로 연주를 듣는다. 휑한 가슴을 파고드는 조화로운 선율은 늦가을 석양빛과 환상의 궁합이다. 이 은근한 시간을 지인과 함께 소중하게 간직하고 싶다.

첼로는 생김새도 사람의 형태를 많이 닮았다. 큰 악기를 몸에 밀착하고 연주하는 모습을 보면, 사랑하는 사람을 품에 안고 무아지경에서 나직한 대화를 나누는 것 같은 착각에 빠진다. 섬세한 손 떨림, 누군가와 사랑은 저렇게 가슴 떨리게 하는 것이 아닐까. 연주자의 뜨거운 심장과 악기의 차가운 심장이 합일을 이루어 울리는 소리일지도 모르겠다. 절묘하고 낭만적인 음색에 온몸이 흠뻑 젖는다.

가슴에 한 줄기 바람을 불어넣는 첼로 연주. 그 음색을 가슴으로 듣는 나는 첼로와의 늦바람을 즐기고 있다.

해바라기

딸내미가 그림 한 점을 들고 왔다. 로또 복권도 당첨될 만한 행운의 부적이라며 목소리가 활기차다. 액자 속에는 해바라기 꽃 한 송이가 화폭을 가득 채우고 있다. 구름 한 점 없는 맑은 하늘을 배경으로 활짝 핀 꽃이 강렬하다 못해 눈이 부시다. 꽃대가 떠받친 황금빛 꽃송이가 태양처럼 여겨진다. 팔월의 뜨거운 열기가 이글거리며 내 몸으로 전해진다.

건강 검진을 하러 갔다가 병원 로비에서 전시 중인 그림을 보았다. 팬데믹으로 시국이 불안해서인지 유독 해바라기 그림이 많이 눈에 띄었다. 화가 역시 단조롭고 무덤덤한 일상에 새로운 변화를 기대하며 그림을 그렸을 것만 같았다. 가만히 보니 샛노란 꽃들이 부의 상징인 금화를 연상시켰다. 무리 지어 핀 꽃과 한 송이씩 핀 꽃 그림으로 병원 로비는 커다란 꽃밭이 되었다. 질병감염관리센터나 선별진료소로 다소 어수선한 병원은 꽃 그림으로 분위기가 한층 더 밝고 화사해졌다.

뙤약볕 아래 시원한 바람이 한차례 지나가는 듯 해바라기 꽃이 무더기로 일렁거리는 그림이 눈길을 붙잡았다. 황금색은 화려하면서도 농염한 분위기를 돋운다. 자연을 그대로 옮겨 놓은 듯 탐스럽다. 그림 한 점을 사서 밋밋하고 허전한 벽을 채우고, 답답한 집안 분위기에도 활력을 불어넣고 싶었다. 그러나 유명작가가 아닌데도 그림값이 만만찮았다. 내가 해바라기 그림에 관심을 보이자 그림을 그리는 딸내미가 자기가 그려주겠다고 한다. 그 말에 아쉽지만 발길을 돌렸다. 그러고는 깜빡 잊고 지냈는데 기별도 없이 오늘 그림을 가져온 것이다.

해바라기꽃을 너무 크게 그렸다는 내 말에, 엄마 얼굴을 꼭 닮은 꽃이라 개성미가 넘쳐흐른다며 킥킥 웃는 게 아닌가. 딸내미는 얼굴이 큰 나를 두고 보름달이라고 자주 놀리곤 한다. 이렇게 꽃송이가 크고 화끈해야 행운도 저절로 따라온다며 갖가지 핑계를 댄다. 그 바람에 식구들 모두 웃음보가 터졌다. 하늘에 비치는 해를 거실에 옮겨 놓은 듯 밝고 환하다. 그림을 한참 보고 있으면 뜨거운 열기에 온몸이 후끈 달아오른다. 좋은 일들만 생길 것 같은 예감이 저절로 든다.

해바라기 꽃이 피는 여름이면 색소폰을 연주하던 그가 떠오른다. 그는 천주교에서 운영하는 보육원의 원생이었다. 고등학생인 그는 훤칠하고 이목구비도 반반해 귀티가 흘렀다. 소문에 원장님의 양아들이라고 했다. 보육원은 우리 집 대문과 마주 보는 길 건너편에 있었다. 원생도 많고 환경도 매우 열악해 보였다. 그런데 그는 항상 말쑥한 모습에 공부 성적도 우수했다. 오빠와 같은 학교에 다니는 친구였다.

1960년대 후반, 그 오빠가 우리는 한 번도 먹어보지도 못한 커피와 코코아, 분유 같은 것을 가지고 우리 자취방에 자주 놀러왔다. 옆방에 예쁜 여고생 언니들도 있었으니 거기에 더 관심이 많았던 것이리라.

원생들이 멱을 감고 오가는 개울가 넓은 공터는 해바라기가 지천이었다. 원생들의 희망인 양 꽃대는 하나같이 크고 튼실했다. 어둠이 내리면 밤하늘에서 별 무리가 지상으로 쏟아질 것처럼 반짝거렸다. 그가 부는 감미로우면서 애달픈 색소폰 소리가 여름밤 하늘을 가르면 왠지 모르게 구슬펐다. 가슴 밑바닥에서 끓어오른 그의 속울음 같고, 부모 없이 자라는 그의 절규를 메아리로 듣는 것 같았다. 고아인 그가 무엇을 해도 소녀의 감수성으론 불쌍하게만 보였다. 어린 마음에 무엇이든 잘해주고 싶었다. 지금 생각하면 그게 짝사랑이 아니었을까.

그리스 신화에서 태양신 헬리오스가 애인인 클리티아의 사랑이 지겨워져 해바라기 꽃으로 만들었다고 한다. 태양이 옮길 때마다 그를 바라보며 얼굴을 움직이는 꽃은 안타까운 정열을 의미하는지도 모르겠다. 그래서 무조건적인 사랑이라는 꽃말도 생겨나지 않았을까. 애달픈 색소폰 소리에 꽃이 시들고 꽃대마저 사그라지는 것 같았다. 크리스마스가 다가올 즈음에 우리는 상급학교로 진학하기 위해서 헤어졌다. 지금도 해바라기 꽃을 보면 어디선가 그의 색소폰 소리가 아련하게 들려오는 듯하다.

해바라기 꽃을 보고 있으면 "한마디로 돈이 없기 때문이다."라며 자신의 가난한 삶을 동생 테오에게 편지로 전한 고흐가 생각난다. 그의 작품에 나타나는 이글거리는 선, 이를테면 끊임없이 태동하는 햇살의 기운에서 떨리는 영혼이 느껴진다. 그뿐만 아니라 꽃병에 꽂힌 밝고 선명한 색상의 꽃송이들은 강렬한 희망을 내포하고, 어둡고 탁한 색으로 채색된 열두 송이의 그림에선 그림이 팔리지 않아 수도승처럼 살아야 한다는 그의 울분이 슬픔의 씨앗들로 영글어가는 듯하다. 이 정물화들은 지독한 좌절과 우울로 들어찬 고흐의 내면에 구원의 햇살이 환하게 비쳐들기를 바라는 갈망의 몸부림 아니겠는가.

며칠 전에 개업한 지인의 식당에 갔다. 엘리베이터가 있는 입구에서부터 실내는 온통 해바라기 꽃과 그림으로 장식되어 있었다. 잔잔하게 흐르는 클래식 음악과 모던한 실내 분위기는 어딘가 조금 어색해 보였다. 바이러스가 창궐하는 이 어려운 시기에 개업을 한 만큼 주인장의 간절한 마음이 읽혀졌다고나 할까. 돌아오는 길에 나 역시 그의 행운이 황금빛 해바라기 꽃처럼 활짝 만개하기를 빌었다.

해바라기를 거실에 두고 바라본 지 일 년이 지났다. 오늘도 태양신을 경배하듯 올려다보니 낙관적인 에너지가 가득 뿜어져 나온다. 로또 같은 요행은 언감생심 바라지도 않았거니와 그간 온 가족이 무탈하게 지냈으니 그림 덕을 톡톡히 본 셈이다. 황금빛 열기로 삭막함을 몰아내고 건강한 기운을 듬뿍 안겨주니 이보다 더한 선물이 어디 있겠는가.

그림을 그려준 딸내미는 내 마음에 핀 영원히 시들지 않는 또 한 송이의 해바라기 꽃이다.

멍텅구리로 살다

이른 아침부터 통돌이 세탁기가 두툼한 이불을 끌어안고 한판 씨름 중이다. 세탁조의 목까지 물이 찰랑찰랑한 만수위다. 거친 숨소리로 얽히고설킨 채 돌고 돈다. 둘 다 더는 한 발짝도 물러설 수 없다는 듯 팽팽한 긴장감마저 든다.

네 살배기 손녀가 토라지면서 머리끝까지 뒤집어쓰고 울던 이불이다. 백일이 갓 지난 제 동생에게 엄마의 사랑과 관심이 빼앗긴 것이 못내 섭섭하고 속상했던 모양이다. 할미인 내가 어린 마음이 풀릴 때까지 이리저리 달래고 얼러봐도 이불에서 나오질 않았다. 손녀는 온몸을 웅크린 채 이불자락을 가슴에 품고 새록새록 잠들어 있다. 이불을 살포시 걷어보니 머리카락은 땀으로 촉촉하게 젖어있고, 눈물 자국이 있는 얼굴에는 아직 고소한 젖내가 가득 풍긴다. 조금 전 떼를 쓰며 그악스럽게 울던 모습은 온데간데없고 천사 같다. 아마도 손녀에겐 이불이 제 어미의 자궁 속처럼 안위를 보호받을 수 있는 조용하고 편안한 공간이었지 싶다.

가볍고 폭신해서 쾌적한 수면을 도와주는 최첨단 항균 솜이불이라고 한다. 남에게 토해내지 못한 근심과 걱정, 감정의 응어리들로 불편했던 잠자리를 포근하게 잠재웠던 이불이지 않은가. 하지만 홑청도, 속통도, 앞뒤 구분도 없이 군데군데 문양을 따라 누빔을 한 멍텅구리 이불이다. 설령 속통이 있다고 해도 이불 속은 지퍼로 굳게 잠겨있다. 자기만 아는 비밀을 모르쇠로 함구하고 있는 듯하다.

여태껏 써온 정갈한 이미지의 전통 이불이 갖는 정서는 어디에도 없다. 복잡한 절차와 형식을 무시하고 실용과 편리함에 길든 이불이다. 아파트라는 주거 공간은 솜이불을 손질하기도 보관할 장소도 마땅찮은 곳이다. 그렇다 보니 전통 이불은 점차 설 자리를 잃어가는 대신에 멍텅구리 이불이 집집이 활개를 친다. 세상을 살아가는 맛과 멋도 사람의 기호에 따라 다르겠지만, 돌이켜보면 전통 이불에 담긴 고유한 아름다움과 정겨움이 사라지는 것이다.

세탁기는 초장부터 뒤집기 한판을 노리는지 무자비한 힘으로 능수능란하게 밀어붙인다. 이불은 넘어지고 자빠지면서 계속 헛발질이다. 결국에는 구석으로 내몰릴 것이 뻔하다. 그 와중에 무게 중심을 잃은 세탁기가 호들갑을 떨면서 요란스러운 굉음을 내지르면 나는 심판관처럼 재빨리 중재에 나서야 한다. 그런데 묵묵하다. 서로가 눈치를 보고 있는지, 아니면 이불이 호락호락 굴지 않고 버티기 작전에 돌입했는지 알 수 없다. 잠시 후, 하수도로 콸콸 쏟아지는 물소리가 시원하게 들린다. 내 안에 끈끈이처럼 달라붙어 있던 더

께도 말갛게 씻겨 내려가는 것 같다.

세탁기에서 사투를 벌이다 만신창이가 된 멍텅구리 이불을 거실에 펼쳐놓는다. 그 좁은 공간에서 구겨지고 비틀린 모양새가 무작스럽다. 두 귀를 마주잡고 반듯하게 접어서 주름진 곳을 매만져가며 발로 자근자근 눌러 밟는다. 반듯하게 개켜진 이불을 보니 소박했던 유년으로 돌아가 조손祖孫이 도란도란 대화를 나눈다.

"애야, 몸에 휘휘 감기는 그게 어디 이불이냐. 속통과 홑청을 폭폭 삶아 쌀풀을 빳빳하게 먹여 윤기가 돌도록 다듬질을 해야 그게 이불이지."

"할머니, 아파트에서 다듬이 소리를 내면 이웃집에서 시끄럽다고 금방 신고 들어오는디요."

"에~구 그게 어디 사람 사는 집이더냐."

그렇다. 아파트는 집이지만 집에 집이 없다는 엉뚱한 생각에 잠길 때가 종종 있다. 자연 속에서 사람의 윤리와 가치관이 우선했던 옛 살림집들이 편리를 앞세워 아파트로 대체됐다. 그러나 이웃도 없고, 햇볕과 바람이 잘 드는 곳에 이불

하나 반듯하게 널 수가 없는 집이다. 하늘과 맞닿은 초고층 아파트는 아예 베란다조차 없다. 상술에 민감한 전자 제품 업계에서는 세탁건조기를 출시하고 핫한 신제품으로 불티나게 팔린다고 광고를 한다. 햇볕도 쬐지 못한 세탁물을 몸에 걸치고 온실 속의 식재료를 먹고 살아야 한다는 것이 덜컥 겁이 나고 서글퍼진다.

한때는 양모 이불이 유행을 타더니 이제는 거위 솜털 이불이 여름에도 쾌적하다고 호객을 한다. 고가인데도 구매하는 이가 많다고 홈쇼핑은 부추긴다. 인간들의 포근한 잠자리를 위해 희생한 많은 생명이 안쓰럽다. 그러나 이런 호사스러운 침구에도 잠의 질은 자꾸만 떨어지고 불면증에 시달리는 사람은 갈수록 늘어난다고 하니 아이러니하다. 나 역시 특별한 이유도 없이 노루잠을 자는 날이 많아졌다. 침대에 누워도 잠은 쉽게 들지 않고 멍텅구리 이불만 끌어안고 이리저리 뒤척거리기만 한다. 세상이 시끌벅적하니 날씨도 이상 증세를 보이고, 사람의 감각 기능에도 제동이 걸리는 것 같다. 이런 밤에는 유년에 할머니와 함께 꿀잠을 자던 까슬까슬하게 풀을 먹인 참참한 인견 차렵이불이 간절하게 그립다.

이기대공원 들머리에 아까시 꽃이 하얗게 피었다. 그 향기가 사람들의 발길을 좇아 산을 오르고 마을로 내려선다. 할머니는 이맘때가 되면 햇볕에 단내가 난다고 하셨다. 그때 할머니가 그랬던 것처럼 이불을 손질하여 지나간 시간을 고슬고슬하게 말린다. 이불장에서 긴 잠에 빠진 숙고사 차렵이불을 꺼내어 거풍을 한다. 당초 문양이 얼비치는 진달래색에 노란 깃이 달린 멋스러움이 단아하다. 한 땀 한 땀 시침질을 한 하얀 홑청에서 고향 집 감나무의 서늘한 그늘과 흙담 냄새, 보리밭 이랑을 건너 들판으로 내닫던 풋풋한 바람 냄새가 풍겨 나오는 듯하다. 덩달아 찬 서리를 맞고 하얀 솜꽃을 피우던 목화밭도, 무명저고리를 입고 목화솜을 따던 할머니의 부지런한 손길도 실루엣으로 보인다. 한 폭의 고서화처럼 많은 사유를 간직한 전통이불은 이제 내 삶의 배경이자 소중한 추억들이다. 이렇게 웅숭깊은 전통 이불을 멍텅구리 이불이 알기나 할까.

창밖 날씨도 멍텅구리처럼 계절을 상실해버렸다. 오월인

데도 폭염에 허덕이고 열대야로 잠을 설친다. 우주도 통돌이 세탁기처럼 지구를 마구 돌리고 있는지 모를 일이다. 돌고 도는 세상을 허겁지겁 달려오다 보니 정신이 몽롱할 때가 더러 있다. 차라리 뒤돌아보지 않는 세월이라면 멍텅구리라도 되고 싶다는 생각이 간절하다.

저기압

광안리와 이기대 공원을 끼고 있는 바다에 짙은 해무가 적군처럼 진을 치고 있다. 가까이 보이던 해운대의 고층아파트와 동백섬도 경계가 묘하다. 빠르게 세력을 확장하는 기세로 봐서는 광안대교도 삽시간에 집어삼킬 것 같다.

장마철도 아닌데 계속해서 비가 오락가락한다. 궂은 날씨로 몸도 마음도 저기압 상태다. 어디라고 콕 집어내지는 못하지만 안 아픈 데가 없는 걸 보니 해무가 내게도 스멀스멀 기어들어온 모양이다. 비를 잔뜩 두들겨 맞은 듯 몸은 무겁고 축축하다. 유년의 할머니는 장작불로 구들을 달군 온돌방 아랫목을 특효약으로 삼았지만, 바닥은 차고 실내공기만 후끈한 아파트가 아닌가. 침대에 누워 안정을 취해 봐도 내 몸은 더 쑤시고 찌뿌둥하기만 하다. 이런 날씨에는 옷이 흠씬 젖을 정도로 땀을 흘리고 나면 조금은 몸이 개운해질 것 같다.

하지만 어쩌랴! 몸을 지질 온돌방도 없으니 등산화 끈을 조여 매고 집을 나선다. 잠시 비가 그친 틈새에 이기대 공원을 품고 있는 장자산을 오른다. 제법 가파른 길은 조금만 걸어도 이내 숨이 찬다. 찜질방에 들어앉은 것처럼 온몸에 땀이 팡팡 솟는다. 스멀스멀 기어든 습기가 빠지니 몸이 가볍고 머리도 맑아진다. 흙먼지와 낙엽만 쌓였던 좁은 수로에 물소리가 제법 돌돌거린다. 그 소리가 정겹다. 빗물에 씻긴 말간 나뭇잎도 윤기가 돈다. 이곳은 소나무가 유달리 많아 나무에 스치는 바람 소리가 그대로 멜로디가 된다. 머릿속에 잡생각이 끼어들 틈이 없다.

해무가 산허리를 휘휘 사리며 구불구불 기어오른다. 한 치 앞도 잘 보이지 않는다. 그때마다 길목을 지키는 소나무가 반갑다. 해풍에 맞서고 자라선지 반듯하게 자란 나무는 보기 드물어도 크고 당당하다. 곧게 자라지 못하고 상처가 많은 나무는 목재로서는 가치가 없을지라도 맵시만큼은 곱다. 특히 경주 남산 홍덕왕릉을 지키는 소나무들은 또 하나의 비경이지 않던가. 사진작가 배병우의 소나무 사진이 세계에서 유명한 것도 꿈틀거리는 듯 휘어진 그 소나무 때문이리라. 휴대폰 카메라로 이리저리 피사체를 맞추고 셔터를 누르면서 은근히 명작처럼 찍혔기를 기대해 본다.

지난해 태풍 마이삭으로 바람 골에 자라던 소나무들이 직격탄을 맞았다. 이상하게도 곧게 자란 나무들이 더 많이 쓰러졌다. 타협하지 않는 외고집 때문일까. 시간이 오래 지났는데도 몸통이 잘려나간 그루터기에 아직 목리木理가 선명하다. 투박한 껍질에 가려 보이지 않던 나이테가 섬세하고 반듯한 동심원을 그리고 있을 줄이야. 아름드리 큰 나무로 자라오기까지의 일대기가 '압축파일'처럼 저장되어 있다. 나무를 스쳐 간 비바람과 새소리는 물론, 아침마다 오르내린 내 발걸음 소리도 저장되어 있을 것 같아 그루터기 앞에서 한참을 서 있었다.

나무의 나이테처럼 내 몸의 동심원은 어디에 저장되어 있을까? 그것은 뇌라고 생각하면서도 척추라는 생각도 해본다. 척추는 애간장을 태우는 일도 심장이 터지는 고통도 감수하면서 육신을 곧추세우며 버티고 있기 때문이리라. 그러기에 선승들이 열반하면 사리舍利도 뼛속에서 나온다고 하지 않던가. 척추에 근육이 빠지니 저기압에 허리가 무겁고 삭신이 쑤신다. 다른 곳이 건강한들 무슨 소용이 있을까. 폭풍우에 부대껴 쭉쭉 뻗지 못하고 곡선으로 자란 나무는 대웅전의 기둥은 못 되어도 쓸모가 있지만, 사람은 척추가 곧고 탄탄하지 못하면 아무것도 할 수가 없지 않은가.

내 몸이 아픈 것도 몸의 균형이 깨졌기 때문이란다. 소나무처럼 해풍에 맞서 살아온 것도 아닌데 말이다. 척추가 틀어지고 근육이 부족하여 조금만 움직여도 피곤이 쌓인다고 한다. 일단 몸 균형을 바로잡고 근육을 단련시키면서 뭉친

혈을 풀어야 한다는 게 전문가의 처방이다.

이미 굳어버린 체형을 교정하기가 어디 쉬운 일인가. 운동코치가 진단한 나의 문제는 잘못된 자세라고 한다. 종종 산에도 오르고, 몸 관리를 했다고 자부해 왔는데 육신이 이렇게 망가졌으니 안타깝고 속상하다. 그러고 보니 평소 내 자세에 문제가 많았다는 것을 이제야 깨닫는다. 오래전 사무실에 있을 때는 항상 다리를 꼬고 앉아있었다. 그것도 옆으로 몸을 돌려 있었으니 골반이 틀어졌을 것은 당연하겠다. 요즘은 조금만 무리를 해도 쉽게 지쳐서 튼튼한 골격이 항상 부럽다. 저기압 날씨에는 뼈와 뼈 사이가 더 협착해 그런지 더더욱 고통을 받는다.

가끔은 모든 것을 단순 명료하게 싹 정리하고 싶어질 때가 더러 있다. 오늘처럼 저기압에 몸이 무겁고 머릿속이 복잡해지는 날이면 더더욱 그런 생각이 들곤 한다. 세상을 지우는 저 희부연 해무에 내 심신의 무거운 더께도 실어 보냈으면 싶다. 산을 내려오면서 소나무 등걸에 몸을 기댄다. 이내 몸이 편안해진다.

광안대교 주탑 꼭대기가 해무에 나타났다 사라지기를 반복한다. 주말이라 대교 들머리에 늘어선 차들이 저기압 전선처럼 한곳으로 쏠려있다. 차는 해무 속으로 서서히 빨려 들어간다. 순간 아름다운 대교가 거대한 괴물로 보인다. 우중충한 날씨에는 몸과 마음은 물론 감정도 지배를 받는다. 그것을 바라보는 내 몸도 온종일 저기압이다. 밝고 쾌청한 고기압을 기다려본다.

나목으로 외롭게 서 있는 가지 사이로 시린 하늘이 걸려있다.
그 여백으로 가뭇없이 높은 하늘을 올려다본다.
성당의 울을 넘어온 기도 소리가 나무를 키우는 것 같다.
오래된 나무가 칭얼대는 바람을 잠재우는지 고요하다.

2. 빈빈 가는 길

최고의 선물

낙타 여섯 마리가 조각된 상아象牙 칼을 선물을 받았다. 여인 손가락으로 한 뼘 되는 길이로 저고리 배래를 닮은 모양이다. 칼날은 날렵하지 않고, 투박한 모양새에 더 정감이 간다.

손잡이 쪽은 피라미드 문양이다. 낙타 몸통은 음각으로 마리를 구분하고 다리는 투각으로 솜씨를 부렸다. 스물네 개의 다리가 마치 피라미드를 향해 나란히 걸어가는 행렬 같다. 칼등에는 구불구불한 낙타 등을 새겼는데 그것이 톱니 역할을 하는 요철 모양새다. 이렇듯 작은 물건 하나에도 미적인 아름다움과 쓰임새를 두루 염두에 두고 만든 장인 정신이 돋보인다. 이 선물을 고른 그녀의 안목도 수준급이다.

오래전, 유럽 여행을 다녀온 지인으로부터 받은 선물이다. 그것을 볼 때마다 상아는 이른 봄날에 갓 봉오리를 연 목련같이 화사하고 귀티가 난다. 단체 여행은 일정에 맞추어 재빠르게 행동해야 하는데 그 틈새에 나를 생각하고 있었다는 것이 고맙고 행복했다. 상아색을 좋아하는 마음을 들킨 것 같아 괜스레 얼굴이 붉어졌다. 손이 자주 가는 거실 탁자 위 연필꽂이에 꽂아두고 은밀한 눈 호사를 즐긴다. 그러고 보니 나와 제일 가까이에서 독락하는 벗인 셈이다.

우편물의 홍수 시대다. 시답잖은 홍보물이 대부분이다. 육필로 쓰는 편지는 휴대전화의 문자 기능에 밀려나 버렸지만, 간혹 중요한 서류나 반가움을 전하는 우편물도 있긴 하다. 흰 여백에 손글씨로 주소를 또박또박 적어 자녀의 혼인을 알리는 청첩장, 월간지와 계간지, 동인들이 보내온 책들이 반갑다. 우편함에서 우편물을 꺼내 들고 엘리베이터를 타고 오르는 그 짧은 순간에도 봉투를 손으로 쭉 찢어 개봉하고 싶은 충동을 애써 참는다. 날이 뭉실한 상아 칼로 접착된 부위를 따라가면 마음은 벌써 내용물이 담고 있는 반가운 소식들로 가득하다. 때로는 신문을 스크랩할 때도 요긴하게 쓰인다. 독특한 선물을 준 그녀의 마음과 늘 함께하고 있다는 생각도 하게 된다.

선물이 과하면 뇌물이라지만 정이 담긴 소박한 선물은 서먹서먹한 관계를 회복시켜 주는 한 방법이기도 하다. 작은 물건이라도 남에게 줄 선물을 고를 때는 정성과 신중을 기한다. 받는 사람의 기호와 취향을 생각하면서 흡족해하는 그 모습을 떠올리며 마련할 때 가장 좋은 선물이 되는 것 아닐까.

남편은 가끔 외국으로 출장을 간다. 오랫동안 거래한 사업 파트너를 만날 때마다 간단한 선물을 전한다. 답례로 받은 선물을 보면 그 사람의 성품을 대충 짐작할 수가 있다. 어떤 이는 고집스럽게 고급 향수만 선물로 보내오는데 많이 부담

스럽다. 그러나 정작 그 향이 너무 진해 한 번도 몸에 뿌려 본 적은 없다.

상대방은 대부분 연세가 지긋한 분들이라 한국적인 정서가 담긴 선물을 좋아했다. 그래서 어디를 지나다니다 특별한 것이 보이면 미리 사 놓기도 한다. 언젠가 골동품 가게가 즐비한 중앙동 뒷골목에서 귀면문 수막새와 연화문 수막새 한 점씩을 부담 없는 가격에 샀다. 전통을 그대로 살려서 만든 수막새다. 그것을 좌대와 함께 연분홍 한지에 곱게 포장해 일본에 출장 갈 때 선물로 보냈다. 귀면문의 도깨비가 절간의 사천왕상처럼 사악한 것을 물리치고 사업이 번창하기를 바라는 마음도 있었지 싶다. 그런데 그 도깨비들이 주술을 부렸는지 여태껏 국내에 인기가 있는 상품의 독점 판매권을 얻어 거래를 지속하고 있으니 수막새의 덕을 톡톡히 본 셈이다.

지난 사월에 오키나와 여행을 떠나기 며칠 전부터 머릿속에는 온통 손녀에게 줄 선물 생각으로 가득했다. 멀리 떨어져 살고 있어 자주 만나지도 못하니 항상 눈에 아롱거린다.

하얀 도화지같이 깨끗한 손녀의 마음 여백에 할미로서 어떤 선물로 곱게 채색할 것인가를 궁리하는 마음이 더 즐거웠다. 가는 곳마다 눈길을 사로잡는 상품은 지천이었다. 하지만 손에 잡으면 입으로 먼저 가져가는 아기에게 줄 장난감을 고르기는 쉽지 않았다. 여행 마지막 날, 반짝이는 까만 눈이 손녀를 꼭 닮은 촉감이 보드라운 '아기 양'을 하나 샀다. 손녀는 그 인형을 아주 좋아한다. 품에 꼭 껴안고 새록새록 잠든 모습을 보면 손녀의 온기가 내 가슴으로 전해져 오는 듯하다.

옛 선비들은 그림이나 시문에 마음을 담아서 선물했다고 한다. 얼마나 고졸하고 낭만적인가. 초고속으로 바쁘게 살아가는 현대 사회는 물질만능주의가 예스럽고 소박한 멋을 빼앗아 가버렸다. 명절이나 어버이날 선물로 현금이 으뜸이라고 하니 마음이 씁쓰레해진다. 지폐가 좋고, 고급스럽고 비싼 물건만이 능사가 아닐 터인데도 말이다. 유월 장맛비에 잎줄기가 야들야들한 열무로 국물이 잘박하게 김치를 담그고, 파란 오이로 아삭하고 시원한 오이소박이를 담가서

정을 나눈다면 최상의 선물이지 싶기도 하다.

지난 주말, 휴대전화 카톡에 독일에 출장 간 아들이 보낸 문자가 떴다. 생신을 축하한다는 인사와 함께 은행 통장을 확인해보라고 한다. 머나먼 타국에서 당도한 반가운 선물이다. 저녁에는 딸내미 가족들도 케이크와 현금이 든 봉투를 내민다. 내 자식들도 세상 흐름에 맞춰 사는가 싶다가도 어미를 생각하는 그 정성이 고마웠다. 그런데 초등학교 오 학년인 외손자 녀석이 노란 봉투를 할미 앞에 놓는다. 크레파스로 알록달록 예쁜 꽃도 그렸다. 그것을 받아 쥔 가슴이 마구 뛴다. 상아 칼로 봉투를 조심스럽게 열었다. 연필로 꾹꾹 눌러쓴 행간마다 할미의 건강을 걱정하고 오래오래 살라는 사랑이 넘치는 편지다. 녀석이 대견하다. 나는 손자를 품에 꼭 안고 등을 토닥여 주었다.

그날 최고의 선물은 손자의 편지였다. 나는 엄지손가락을 힘껏 치켜세웠다.

아직은 꽃

극도의 공포가 피를 말린다. 혼자 견뎌야 하는 이 낯선 공간이 가슴을 더 콩닥거리게 한다. 윙윙거리는 불협화음으로 위협하던 기계 안이 갑자기 채석장으로 돌변한다. 쇠망치로 돌을 깨부수는 듯 날카로운 굉음이 머리를 파고든다. 갑자기 뇌가 산산조각이 날 것만 같아 잔뜩 긴장한다.

MRI 영상 촬영실이다. 아직 더운 날씨인데도 실내 공기는 서늘하고 몸에는 오소소 한기마저 돈다. 앞뒤가 뚫린 기계지만 음습한 동굴 속 같다. 고정된 판에 머리를 두고 반듯하게 누우니 촬영 기사가 움직이지 못하도록 몸을 밴드로 단단히 묶는다. 꼼짝하지 말라는 당부를 하고 문을 꽝 닫고 나가버린다.

장시간을 누워 있으니 별의별 생각이 다 든다. 망자가 누운 관이나 진배없다. 순간 죽음이 엄습한다. 이 상황에서 내가 할 수 있는 일은 아무것도 없다. 저항하지 않고, 기계가 지시하고 명령하는 대로 잘 따라야만 한다. 소음 차단용으로 헤드폰을 끼고 있어도 시끄럽기가 무작스럽다. 강압적으로 통제하는 기계 소리가 가상 세계에서 들리는 유령의 울부짖음 같다. 저승사자의 목소리도 저렇게 들리지 않을까 싶기도 하다. 뇌를 집중적으로 촬영하다 보니 더 크게 들린다. 소리의 공포 때문에 아픈 부위를 찾아 치료하기도 전에 죽을 것만 같다. 세상에 존재하는 온갖 괴기스러운 소리는 다 모여 절규하는 듯하다. 아마도 지옥이 있다면 이런 곳이리라.

얼마 전, 부산박물관에서 〈치유의 시간 부처를 만나다〉라는 전시를 보았다. '불상, 그것은 진정한 부처님의 참모습'이라는 것이다. '불복장佛腹藏' 탑이나 불상에 봉안된 크고 작은 물건 하나하나에도 중생의 간절하고 지극한 염원이 담겨 있었다. 그뿐만 아니라 불화와 사경은 부처님의 가르침과 경전의 내용을 그림으로 표현한 진리의 세계였다. 삶과 죽음을 그린 '감로왕도'와 '염라대왕 심판 장면'이 특히 내 마음을 섬뜩하게 했다. 여러 형상을 가진 부처와 불화들은 친견했지만, 이러한 불화는 처음이었다.

염라대왕이 탁자 중앙에 앉아 수하 권속들을 옆에 거느리고, 죽은 자의 죄업을 심판하는 모습을 그린 불화 앞에서 한참을 서 있었다. 판관인 염라대왕은 그를 보좌하는 녹사와 저승사자, 시녀와 동자들을 대동하고 형형한 눈빛으로 망자를 심문하고 있었다. 이야기로만 듣고 상상했던 내용이 실제처럼 다가서자 소름이 끼치도록 무서웠다. 문득 지나온 내 삶이 되돌아봐 졌다. 죽음을 미지의 세계라 했던가. 저승사자에게 끌려간 망자도 이승과 또 다른 사후의 세계에서 어떤 삶을 사는지 누가 알겠는가. 이 불화를 보면서 극락과 지옥도 분명히 존재하고 있으리라고 믿어진다.

"메멘토 모리, 자신의 죽음을 기억하라."

개개인의 생명체는 언젠가 죽는다는 엄연한 사실에서 벗어날 수 없다. 세상에 태어날 때부터 예견된 죽음이지만, 살면서 죽음이 삶의 일부임을 망각한 채 애써 잊어버리고 사는지도 모른다. 그렇다 보니 올가미가 씌워진 것처럼 생이 두렵고 불안하기도 하리라. 삶과 죽음이 평행선을 달리고 있지만, 누구나 살고 싶은 욕망으로 간절하다. 그러다 보니 고통을 감내하면서 이렇게 정밀 검사를 받지 않는가. 문명의 이기인 기계 안에서 지나온 삶을 되돌아보니, 아이러니하게도 염라대왕 앞에 서 있는 나를 발견한 것이다. 잘했던 일보다 과오가 더 많은 것 같아 공포감이 가슴을 옥죄어 왔는지도 모르겠다.

최첨단 의료기는 질병을 신속하고 정확하게 찾아낸다지만 왜 이리도 소음으로 고통스럽게 하는지 알 수가 없다. 기왕에 헤드폰을 쓴다면 기계 소음보다 더 크게 마음을 치유하는 음악을 들려주면 좋지 않을까. 신나는 팝송이나 강렬한 재즈 선율, 피아노 연주도 좋겠다. 사물놀이라면 더 좋을 것 같다. 소리에 맥을 담는 광대놀음은 언제 어디서 들어도 신명이 난다. 그것은 자연의 소리다. 비바람 소리며 천둥소리가 되어 심장을 난타해 온다. 작달비가 한 차례 쏟아진 것처럼 세상만사 다 잊고 가슴이 후련해질 테다. 문득, 죽음 앞에서도 이런 음악을 들으면서 생을 마감했으면 좋겠다는 엉뚱한 생각이 꼬리에 꼬리를 문다. 이때 갑자기 문이 스르르 열리고 검사가 끝났다는 굵직한 음성이 들린다. 소음에 갇혀 있던 삼십 분 동안 마치 저승을 한 바퀴 돌아 나온 것 같은 묘한 기분이 느껴진다.

아침에 잠깐 어지러움으로 그대로 넘어졌다. 주방 바닥에 머리가 심하게 부딪치고 말았다. 머리가 띵한 것 외에 별 증상은 없었지만, 혹시나 하는 염려로 이 검사를 한 것이다. 결과를 기다리는 동안 걱정스럽고 초조했다. 컴퓨터의 하드디스크같이 복잡한 구조를 가진 뇌가 아니던가. 눈에 보이지 않는 에러에도 전원이 켜지지 않듯이 뇌에 이상이 생긴 건 아닌지 두근거리는 가슴으로 며칠을 보냈다.

염라대왕의 처분을 기다리는 망자처럼 의사 앞에 앉았다.

"아무 이상이 없습니다. 미세 혈관까지 막힘없이 아주 깨끗합니다."

그러면 그렇지, 난 아직은 할 일이 많은 사람이야. 쾌재를 부르며 병원 문을 나서는데 발걸음이 날아갈 듯 가볍다. 올 때는 미처 보지 못한 접시꽃 무리가 주차장 입구에 흐드러지게 피었다. 선홍빛과 연분홍의 조화가 싱그럽고도 상큼하다. 목청 높은 매미들이 늦여름 오후를 들썩이게 하고, 벌들도 붕붕거린다. 하지만 생의 소리로 가득한 이곳에서 꽃들도 얼마나 지난한 시간을 보냈을까. 비바람 몰아치는 매몰찬 시간을 억척스럽게 버텨냈으리라. 외롭고 아픈 시간을 저들끼리 기대어 마침내 꽃 피웠을 것이다. 채 시들지 않는 꽃에서 은은한 향기가 뿜어져 나온다. 뙤약볕에 간간이 목이 마르고 숨이 가빴을지언정 아직은 피어있는 꽃, 나도 그 가운데 있다.

빈빈 가는 길

남천성당과 교구청을 끼고 있는 길은 호젓하고 운치가 있다. 양쪽으로 늘어선 둥치 큰 벚나무가 뿜어내는 싱그러운 향이 후각을 자극한다. 세상의 번잡을 벗어난 구도자처럼 마음이 차분해져 천천히 걷게 된다.

벚나무는 계절마다 색다르게 옷을 갈아입는다. 꽃이 만개한 초봄에는 어느 화가의 신들린 붓이 우윳빛 물감을 마구 뿌려놓은 한 폭의 추상화 같다. 쳐다만 봐도 눈이 부시다. 연

초록의 향연이 짙어지는 늦봄은 풋풋하고 쌉싸름한 향기가 코끝에 스민다. 잠깐이나마 작설차 한 잔을 마신 것처럼 머리가 맑아진다. 매미가 자지러지게 울어대는 한여름은 그늘이 깊다. 시원한 소리 바람으로 흐르는 땀을 이내 가시게 한다. 저녁 노을빛을 닮은 잎들이 우수수 떨어지는 가을에는 바닥에 구르는 낙엽을 밟고 걷노라면 상념이 깊어진다. 나목으로 외롭게 서 있는 겨울에는 가지 사이로 시린 하늘이 걸려있다. 그 여백으로 가뭇없이 높은 하늘을 올려다본다. 성당의 울을 넘어온 기도 소리가 나무를 키우는 것 같다. 오래된 나무가 칭얼대는 바람을 잠재우는지 고요하다. 나는 걸음을 멈추고 바람이 흘리는 나무들의 이야기를 듣는다.

사계절 다 나름대로 개성이 있고 아름답지만, 뭐니 해도 백미는 벚꽃이 질 때가 아닐까 싶다. 사람들은 대부분 꽃이 만개했을 때가 가장 아름답다고 하지만, 벚꽃의 절정은 아무래도 낙화에 있는 듯하다. 하늘도 보이지 않는 빼곡한 꽃 터널에서 꽃잎이 하르르 흩날리며 떨어질 때다. 천상의 세계가 있다면 이런 곳이어야 하리라. 길 들머리에서 바라보면 함박눈이 내리는 것 같은 착시를 일으킨다. 길바닥에 떨어져 하얗게 뒹구는 꽃잎이 멍들까 봐 발걸음이 조심스럽다.

아스라이 보이는 저 끝에서 누군가가 어서 오라고 손짓을 하는 것도 같고, 뒤를 한 번 살짝 돌아보면 삼거리 모퉁이에서 잘 가라고 손을 흔드는 것 같기도 하다. 작은 암자 들머리에서 내가 보이지 않을 때까지 손을 흔들며 배웅해주던 그녀가 얼핏 보이기도 한다. 밀짚모자 아래 해맑은 얼굴은 달포가 지나도 잊히지 않았다.

그날은 날씨가 무척 더웠다. 에어컨을 켜놓아도 가게 문이 열려 있으니 땀이 목덜미를 타고 흘렀다. 입맛이 없어 모처럼 보리밥을 주문했다. 풋고추와 애호박을 숭덩숭덩 썰어 넣은 된장찌개에 열무김치가 따라왔다. 먹음직스럽게 보였다. 그런데 손님이 계속 이어져 밥술 뜰 여가가 없었다. 그때 먹물 옷을 곱게 차려입은 키가 자그마하고 예쁘장한 비구니 스님이 들어왔다. 서로 가슴에 손을 모으고 목례를 했다.

어디선가 본 듯 무척이나 낯이 익다. 그녀의 이름이 입안에서 뱅뱅 맴돌 뿐 생각이 나질 않았다. 가무잡잡한 피부에 유난히 크고 까만 눈, 오뚝한 코, 볼우물이 있는 것까지 그녀가 분명했다. 잔잔한 미소를 머금은 인자한 표정에서 자신을 단속하고 수행한 품새가 가지런하다. 수도자로 살아온 삶이 얼굴에 그대로 스며들었다. 꾸밈이 없어도 저리 곱고 맑은 얼굴, 순간 나는 내 모습을 살피고 있었다. 그러고 보니 그녀와 나 사이에는 삼십 년이 넘는 세월이 흘렀다. 그동안 승僧과 속俗으로 서로 다른 삶을 살아온 무늬가 얼굴에 그대로 새겨져 있었다.

그녀는 작은 암자의 주지 스님이라고 함께 온 보살이 귀띔해준다. 그곳에 잔디밭이 넓어 제초기를 사러 왔다 한다. 엔진 마력이 높은 동력 기계와 여러 가지 장비를 사 갔다. 그녀는 말수가 적었고 계산은 보살이 다 했다. 그녀에게 하고 싶은 말이 목울대를 차고 올라왔지만 나는 한마디도 하지 못했다. 못한 것이 아니라 차마 할 수가 없었다. 그녀는 문을 나서면서 어느 암자에 있으니 시간이 나면 한 번 오시라는 말을 남기고 떠났다. 아! 이렇게 허탈할 수가 있나.

싸늘하게 식은 밥상을 치우고 진한 냉커피 한 잔을 마셨다. 달달한 커피믹스가 그날따라 쓰디쓰다. 지금껏 나름대로 잘 살고 있다고 생각한 나 자신이 그녀 앞에서 이렇게 초라해진 이유를 모르겠다. 성수기라 가게는 손님들도 북적거리고 수입해 놓은 큰 기계들이 많이 팔려 목돈을 손에 쥐었지만, 보리밥 한 그릇도 때맞춰 먹을 수 없는 내 처지가 마냥 처량했다. 퇴근길 자동차 오디오에 김광석의 CD를 넣고 볼륨을 크게 키웠다. 〈서른즈음에〉라는 노래가 나오는데 나도 모르게 눈물이 핑 돌았다.

그녀와 나는 같은 직장을 다니며 친하게 지낸 동료였다. 점심시간이면 식사를 빨리 끝내고 책을 옆구리에 끼고 옥상에 올라가면 언제나 먼저 와 있었던 그녀였다. 우리는 월급의 5퍼센트는 책을 사자고 약속을 했고, 문학 전집과 여러 분야의 단행본을 사서 서로 바꿔가며 읽었다. 결혼할 때도 그릇이 든 찬장이 아니라 책이 가지런히 꽂힌 책장을 가지고 시집을 갔다. 첫아이를 낳고 직장을 그만두었을 때, 그녀는 결혼도 하지 않은 채 사표를 내고 행방불명이 되었다는 소식을 들었다. 나중에 들으니 그는 바로 해인사 승가 대학에 들어갔다고 했다.

시간이 흘러 사업을 모두 정리하고 나니 문득 그 암자가 생각났다. 하얀 싸락눈이 가지에 매달린 것 같은 설유화와 보라색 붓꽃을 한 다발씩 샀다. 휘어진 선이 고운 설유화를 좋아하는 그녀가 환한 미소로 반길 것 같아서다. 암자조차도 품새가 아담하고 얌전한 그녀를 닮았다. 정성껏 차린 점심 공양을 하고 차를 마시면서도 속세의 이야기는 서로가 꺼내지도 않았다. 산사의 바람이 극락전 처마에 달린 풍경을 치고 달아난다. 자신의 속을 얼마나 비워야 저렇게 맑고 고운 소리가 날까. 그녀의 손을 살포시 잡자 이내 따뜻한 온기가 내게로 전해졌다. 한결 가벼워진 마음으로 돌아오는 길, 암자 들머리까지 그녀가 따라 나온다. 한참을 내려와서 뒤돌아보니 아직도 그녀가 손을 흔들고 있었다.

유월이다. 꽃이 진 벚나무는 어느새 짙푸른 녹색 잎을 달았다. 오늘따라 까치가 요란하게 운다. 나무를 올려다본다. 어미 새가 새끼에게 나는 법을 가르치는 것 같다. 어미 새는 이쪽 가지에서 다그치게 울고, 저쪽 가지에선 새끼 새가 어미를 쳐다보며 꽁지만 까딱거린다. 아직은 날갯짓이 두려운 모양이다. 머지않아 매미도 자지러지게 울 것이리라. 공자의 어록에 '문질빈빈文質彬彬'이라는 문장이 있다. 문체와 바탕이 갖춰지면 저절로 빛나고 조화를 이룬다는 뜻이라고 한다. 십 년을 넘게 매주 목요일이면 책 보따리를 들고 이 길을 오간다. 그리하여 나를 스쳤던 소중한 인연과 현재의 삶을 성찰하면서 내 본연의 모습에 가까워지려고 노력한다.

빈빈彬彬문화원 가는 길은 지금의 나를 소상히 그려내는 사색의 길이다.

통영 바다

서호시장은 새벽부터 활기가 넘친다. 한려수도에서 갓 건져 올린 싱싱한 해산물과 어패류가 펄펄한 생동감에 차 있다. 붉은 아가미를 드러내고 퍼덕이는 생선과 고무통 밖으로 필사적인 탈출을 시도하는 문어, 연신 물총을 쏘아대는 조개들, 이 모두 살아남고자 하는 몸부림으로 내 발걸음마저 조심스럽다.

살을 에는 섣달의 한파에도 싱싱한 해산물을 사러 모여든 사람들로 새벽시장은 발 디딜 틈이 없다. 추위를 녹여줄 길커피 아줌마는 물이 흐르는 좌판 사이를 곡예사같이 수레를 밀고 다닌다. 여차하면 짠물을 뒤집어쓸 판이다. 추위는 온데간데없고 후끈한 열기로 가득하다. 날것들의 세상이다. 물건을 흥정할 때 주고받는 아지매들의 걸쭉한 사투리도 생짜배기다. 시퍼런 바다에 패대기치는 파도처럼 거칠고 원색적이다. 활시위를 팽팽하게 당기는 것 같은 긴장감이 도는 생존 경쟁의 현장이다.

에메랄드빛 바다를 건너온 아침 햇발이 이내 질펀한 어시장을 환하게 비춘다. 부둣가에는 물메기와 아귀, 작은 생선들이 해풍에 말라가는 풍경이 정겹다. 그런가 하면 낡은 슬레이트 상가 처마 아래 주렁주렁 매달린 대구는, 그 큰 덩치만으로도 지나가는 사람들의 시선을 압도한다. 아가미와 내장을 다 빼내고 할복자살하는 듯 가슴을 활짝 열었다. 등을 곧추세우고 매달려있는 품새가 죽었어도 당당하다. 꾸들꾸들한 살점 속에 짜디짠 바다의 기억을 붙들고 있는 것도, 장작개비처럼 바짝 말라비틀어진 것도 있다. 모두 하얀 등뼈

만은 한 치의 흐트러짐 없이 가지런하다. 그 몸피에서 비장한 바다의 숨소리를 듣는다.

이들의 행렬에서 특히 내 눈길을 사로잡는 것은 '약대구'라 불리는 알을 품은 대구다. 만삭이다. 곧 알이 쏟아져 나올 것 같아 아슬아슬하다. 오늘내일 해산할 만삭의 산모를 보는 듯 긴장되고 두렵다. 그것을 보는 순간 오래전에 읽은 〈가시고기〉가 생각난다. 작은 물고기도 모성과 부성은 인간과 다름없었다. 새끼들이 독립할 때까지 그들을 지키는 어미와 아비의 희생은 처절했다. 그것처럼 염장한 알을 품고 인간을 위한 약이 되겠다고 매달려 있는 저 모습은 성자처럼 숭엄하다고 할까. 아니야! 인간의 잔인성을 보는 것 같아 차마 눈뜨고 쳐다볼 수가 없다.

이곳에서 태어난 치어들은 북태평양까지 건너간다고 한다. 성어成魚가 되기까지 수온이 찬 심해에서 따뜻한 쪽빛 바다 통영을 많이도 그리워했겠다. 잔잔한 해안의 물결이며 갯비린내는 알을 품은 어미가 되면서 향수로 간절했으리라. 나 역시 첫아이를 가졌을 때 유년에 먹던 음식을 먹고 싶어

밤잠을 설치곤 했다. 모든 것이 부족하고 힘들었던 그 시절에 뭐 그리 대단한 것을 먹었겠는가마는 내 몸속에 자라는 새 생명은 용케도 고향의 맛을 기억하고 있었다. 아는 맛이 무섭다고 했던가. 그것이 엄마의 손맛이리라.

고향에서 산란하기 위해 회귀라는 긴 여정에 들었을 대구, 짜디짠 바닷물을 거슬러 강행군을 마다하지 않았을 그들에게 그물을 던진 약삭빠른 인간의 욕망을 본다. 알이나 곤을 품은 그 기름진 먹거리를 놓칠 리가 없지 않은가. 해풍에 얼굴이 까맣게 익은 아지매가 '약대구' 판매에 열을 올린다. 펄떡펄떡 뛰는 입심에 한 마리만 먹으면 만병통치가 될 것 같다. 산후에 특히 효험이 있어 산모도 날아다닐 듯 몸이 가벼워진다고 한다. 하지만 신세대 관광객들은 시골 오일장의 장돌뱅이 약장수 소리로 들리는 모양이다. 힐끔 쳐다보고는 모두 그냥 지나간다. 하기야 건강보조 식품이 넘쳐나는 세상에 관심을 가질 리가 만무하다.

산간 지방에 폭설이 내리고, 곳곳에 한파 주의보가 뜨는 세밑이 되면 나는 서둘러 진해에 있는 용원 선착장으로 간다. 그곳에는 가덕도에서 잡혀 온 암갈색 무늬가 선명한 대구가 큰 물통마다 가득 들어있다. 배가 터질 듯 빵빵하게 곤이 들어있는 수놈을 골라 오빠에게 택배로 보낸다. 유년에 대구는 조부모 밥상에만 오르는 귀한 음식이었다. 할머니와 겸상하며 종손의 특급 대우를 받은 그가 맛있게 먹었던 음식이다. 세월이 많이 흘러도 미각은 변함이 없는 모양이다. 택배를 보내고 한 이틀 지나면 목소리가 한결 맑고 시원한 그의 전화를 받는다. 뜨끈한 대구탕 한 그릇을 들이켜니 몸과 마음이 스르르 녹아내린다고 전한다. 그렇게라도 몇 년만 더 건강하게 살라고 마음속으로 빌고 또 빌었다.

"니 오라비 몸살 나면 끓여주라."며 잘게 찢어놓은 누런 황태를 한지에 돌돌 말아 주던 할머니의 당부가 떠오른다. 입이 짧은 그와 대처에서 공부하며 자취하던 시절, 황태 갱죽을 한 번씩 끓였다. 달궈진 냄비에 참기름을 붓고 황태와 불린 쌀을 넣고 달달 볶다가, 쌀과 황태에 기름이 노릇하게 스며들어 윤기가 돌면 물을 붓고 쌀이 퍼질 때까지 뭉근하게 끓였다. 마지막에 다진 마늘과 쪽파를 넣은 갱죽을 그는 맛나게 먹었다. 언니들과 나는 종손인 그를 각별하게 챙겨야 했다. 하지만 그는 지난해 다시는 돌아오지 못하는 곳으로 떠났다. 해마다 두세 번씩 가던 용원 선착장을 올해는 가지 않았다. 그가 생각나서 차마 갈 수가 없었다.

통영 항구에 정박한 거북선 안에는 조선 시대 수군들이 갑옷으로 무장하고 배를 지키고 있다. 한산도 대첩으로 나라를 구해낸 충절의 이야기가 요소마다 질편하게 깔렸다. 건너편 길가 상가 건물에도 대구가 거북선을 바라보며 줄지어 매달려 있다. 오늘 저 대구들은 먼 옛적 수군들을 위한 저녁 찬거리가 될 모양이다. 거북선과 대구는 아마도 그 흥성했던 시대를 그리워하고 있는지도 모르겠다.

그 풍경이 하나의 드라마틱한 설치 작품을 보는 듯 흥미롭다. 풍만한 배를 끌어안고 고단한 항해에 들었을 무리, 귀에 익은 통영 바다의 파도 소리를 찾아 험한 물길을 헤엄쳐 당도했건만, 이곳이 진정 그들이 바라는 그리운 안식처였는지를 되묻고 있는 것 같다. 통영 바다는 생명을 품어 키우는 모성의 심호흡으로 푸르게 일렁이고 있다.

연장자年長者

지난 일주일은 고통의 연속이었다. 목욕탕 헬스장에서 하는 다이어트 대회에 난데없이 참여하게 되었다. 순전히 딸이 저지른 소행이다.

근년에 들어서 나이 탓인지 조금 무리를 하면 몸살이 오고 어깨와 허리가 자주 결리기도 했다. 이웃에 사는 사위가 종종 침을 가지고 왕진을 온다. 그때마다 쫄랑쫄랑 따라온 딸은 운동 부족에 뚱뚱해서 오는 병이라고 잔소리를 해댄다.

대가족의 맏며느리에 대소사는 많고 저들 남매 키우며 골병 든 것은 안중에도 없다. 그러잖아도 두루뭉술한 허리를 드러내고 침 맞는 것도 민망한데, 사위와 외손자 앞에서 어미의 자존심을 팍팍 꺾는다.

딸의 마음을 모르는 바는 아니다. 이 핑계 저 핑계 대며 운동은 하지 않고 몸 아픈 타령만 했으니 말이다. 이참에 단체로 하는 운동이라 참가만 하면 억지로라도 따라하리라고 생각했다. 그래! 한 달이라고 하지 않았나. 아무리 힘들어도 할 수 있을 것이라는 각오를 단단히 한다.

몸에 착 달라붙는 빨간 유니폼을 입은 코치는 육체미 선수 같다. 온몸이 울퉁불퉁 근육 덩어리다. 다부지고 엄격해 시작하기도 전에 주눅이 든다. 1등과 2등은 상금이 꽤 많다. 몸무게와 상관없이 오직 출석 점수와 체지방 감량에 따라 순위가 결정된다고 한다. 특별상도 있는데, 그것은 열심히 운동하는 사람에게 주어진단다. 체지방은 단백질 위주의 무염 식사와 강한 운동으로만 빠진다고 한다. 스무 명이 넘는 선수들 말만 들어도 기세가 당당하다.

긴 머리카락을 낭창하게 묶은 이십 대 초반의 자매 아가씨와 삼십 대 중반의 새댁, 머리띠를 단단히 끼고 있는 사십 대 여인은 지난번 대회 때 아침과 오후, 저녁 반에서 전체 일등을 해 거금을 손에 쥔 기록도 가지고 있다. 나보다 더 뚱뚱한 오십 대도 있지만, 대부분은 분기마다 하는 대회에 참가했던 선수들이다. 그러나 나는 부끄럽게도 이들 중에서 제일 연장자다. 더구나 이러한 대회에 참가하는 것도 처음이라 모든 게 서툴고 운동 명칭도 제대로 몰라 어리바리하다.

코치는 얼굴이 곱상하고 계집애처럼 생겼다. 그러나 운동을 시작하자 해병대 특수 교관으로 무섭게 돌변한다. 스트레칭이 아니라 완전 단체 기합이다. 젓값이라곤 많이 먹고 살찐 것뿐인데 너무 가혹한 벌이다. 어찌 보면 먹고 싶어 먹은 것도 아니다. 음식을 만들다 보면 간도 봐야 하고 가족들이 남긴 잔반도 아까워서 먹어야 할 때도 잦았다. 그런 나에게 비만의 올가미를 덧씌워 이런 곳에 넣은 딸이 생각할수록 괘씸하다. 숨이 턱에 걸리고 한 발짝도 움직일 수가 없다. 눈치가 보여 신음을 속으로 삼키는데 뒤쪽에 아가씨들도 헉

헉거리며 앓는 소리가 터진다. 제대로 따라 하지도 못하면서 연장자라고 앞줄에 서서 힘이 더 들었다. 수업이 끝나자 다리가 후들후들 떨리고 온몸이 물에 빠진 듯 축축하다. 정신이 혼미하다. 그런데 모두 또 러닝머신에서 뛰고 있다. 살과의 전쟁은 독하게 살을 깎아 태우는 것 같다.

다음 날 아침은 잠자리에서 도저히 일어날 수가 없었다. 온몸의 근육과 살집이 갑자기 위기감으로 똘똘 뭉쳤다. 흔들의자나 소파에 편한 자세로 앉아 있던 몸속의 근육들도 마냥 푹 퍼져 있다가 날벼락을 당했다. 특히 앉았다가 서고 계단 내려가는 것이 힘들었다. 누가 보면 바지에다 볼일을 본 것처럼 걸음이 엉거주춤하다. 근육 이완제를 먹고 몸을 살살 구슬려 본다. 구석구석 제 터전을 잡고 있던 지방이 쉽게 물러날 리가 없다. 몸은 날마다 파김치가 된다. 이 나이에 가까운 이기대공원 둘레길이나 걸으면 되지 무슨 이 개고생이야, 당장에라도 포기하고 싶은 마음이 목젖까지 차오른다. 그런데 연장자라는 꼬리표가 이러지도 저러지도 못하게 한다. 내가 먹은 나잇값이 가슴을 짓누르는 무거운 짐이 될

줄이야 미처 생각지도 못했다. 그러는 사이에 일주일이 지나고 몸이 조금 가벼워진 느낌이 든다. 몸무게를 재어보니 1.5킬로가 빠졌다.

주말 아침 식탁은 푸짐했다. 일주일 혹독하게 무염 식사로 관리했으니 한끼라도 제대로 먹어야 기운을 차릴 것이다. 도다리쑥국과 머위 순, 초벌 부추와 봄나물은 때가 지나면 먹을 수가 없지 않은가. 묵은지 사이에 돼지 등갈비를 넣은 찌개는 역시 온몸의 미각을 곤두서게 한다. 지난겨울 봉화 고랭지 배추로 김장을 했다. 그 김치 맛은 시간이 지나도 아삭하고 감칠맛이 독특했다.

뭉근하게 익은 김치찌개 속 김치를 쭉 찢어서 하얀 밥 위에 척 걸쳐서 먹는다. 행복은 바로 이런 맛이 아닌가. 체지방이고 뭐고 이 순간 아무런 생각이 없다. 몸이 먼저 봄을 느끼는지 봄나물을 볼이 미어지도록 먹고 있는데 딸이 파스 두 통을 들고 느닷없이 나타났다. 밥상을 흘깃 보더니

"오늘이 사또 생일이에요?"며 말을 비비꼰다.

"그래! 생일이다. 다 먹고살자고 하는데 먹어야 살지."

마음에도 없는 대꾸를 하고 말았다. 딸은 어이가 없는 듯 휑하니 나가버렸다. 밥 한 공기를 후딱 비우고 또 먹었다. 저녁에는 삶은 달걀과 야채를 먹어야 하는데 나도 모르게 김치찌개에 손이 먼저 간다. 김치에는 분명 마약 같은 중독성 강한 뭔가가 들어있는 모양이다. 다음 날 몸무게를 달다가 놀라지 않을 수 없었다. 2킬로나 확 불어 있었다. 이럴 수가! 저울에 분명 문제가 있는 것 같다. 다시 무게를 재도 눈금은 그대로였다. 저울은 한 치의 오차도 없이 진실하고 솔직했다.

코치는 주말 동안 쉬었다고 힘든 것만 골라서 한다. 스쿼트와 런지에 이어서 버피 10개에 제자리 빨리 뛰기 100개다. 궁둥이에 커다란 쇳덩이가 붙은 듯하다. 코치가 눈치를 챘는지 힘들면 따라 하지 않아도 된다고 한다. 꼴등을 하면 창피하다는 외손자의 당부가 귀에 뱅뱅 돈다. 에라! 모르겠다. 설마 죽기야 하겠나. 코치의 지시를 따라 끝까지 뛰었다. 현기증이 일고 눈앞이 캄캄하다. 몸 여기저기서 땀샘이 팡팡 솟고 삭신이 쑤신다. 집에 닿기 무섭게 파스 두 통으로 온몸에 도배했다.

"연장자 파이팅!"

달에 취하다

정월 대보름이다. 바닷가 자갈마당에 조촐한 무대가 꾸며졌다. 중앙에는 커다란 달집도 세웠다. 청솔가지와 대나무로 촘촘하게 엮은 달집은 어느 영화에서 본 토인土人들의 집을 연상케 한다.

하늘에 뜬 달이 무대의 조명이다. 천신과 지신, 바다를 관장하는 용왕신에게 축제를 고하는 꽹과리가 분위기를 띄운다. 풍물패가 달집을 돌며 지신을 밟는다. 은은한 달빛을 품은 자갈마당은 천지인天地人이 하나가 되는 즉석 무대다. 사물 악기가 쏟아내는 장단은 희로애락과 생로병사의 인간사를 맺고 푸는 듯 깊고 둥글다. 그 소리는 뭇사람들의 감정을 들었다 놓았다 한다. 그 진한 감동의 파장을 온몸으로 느낀다. 그것은 지상과 우주와의 교감이겠다. 한복을 곱게 차려입은 아낙들이 손에 손을 잡고 달집을 돌며 강강술래를 한다. 이렇게 많은 인파를 하나로 응집하는 신통한 마력이 어쩌면 달빛이 아닐까.

저마다 소원을 적은 수백 개의 하얀 종이가 달집 청솔가지에 매달려 나풀거린다. 흰나비 떼 같다. 달집에 불을 붙이자 매캐한 연기가 달집을 빙빙 돌면서 하늘로 오른다. 벌겋게 달아오른 불길에 대나무 마디 타는 소리가 폭죽을 쏘는 듯 요란하다. 한 해의 액운이 마디마디 걸림 없이 탁탁 터져 날아갈 것 같다. 파도는 달빛이 질펀한 바닷물을 수없이 자갈마당으로 밀어 올린다.

'달님이시여, 달집을 태워 당신께 올립니다.'

가슴에 손을 모으고 소원을 빈다. 소원지는 불꽃 속에서 흔적도 없이 사라졌다. 그 연기가 달집을 돌면서 하늘로 올라간다. 문득 달빛이 일렁이는 바다에 시선이 갔을 때다. 하얀 명주 수건으로 머리를 감싼 할머니가 환영처럼 나타났다 사라진다. 장독대에 정화수를 떠놓고 손이 닳도록 빌던 모습은 세월이 오래 지나도 잊히지 않는 내 안의 그리움이다.

고향을 떠나 낯선 도시의 뒷골목에선 달을 잃어버리는 날이 많았다. 어쩌다 달이 생각날 때는 마음에 무거운 짐을 지고 있을 때였다. 소리 죽여 실컷 울고 싶은 저녁에 멍하니 달을 올려다보면, 달은 오로지 나만 쳐다보는 것 같기도 했다. 사는 것이 외롭고 버거워도 때가 되면 다 지나가는 것이라고 다독여 주곤 했으리라.

지난여름 일본 여행을 갔을 때다. 도요토미 히데요시가 왕실의 목재로 사용하기 위해 직접 관리했다는 편백 나무숲을 걸었다. 몇백 년의 세월 동안 귀한 대접을 받아서인지 나무는 우람하고 기품이 있어 보였다. 그런데 나도 모르게 오싹한 한기가 전신을 휘감아 돌았다. 윗도리가 날을 바짝 세우고 몸 여기저기를 콕콕 찔렀다. 빳빳하게 풀을 먹인 탓도 있겠지만 그게 아니었다. 모시옷은 몸에 땀이 차면 이내 후줄근하게 젖지 않은가. 그런데 올 하나하나가 등을 마구 찔러대는 것이었다. 그것은 어떤 영감이었을까.

임진왜란의 뼈아픈 역사가 떠오른 것은 우연이었다. 왜군의 침입에 남편을 잃은 수많은 우리 여인네들의 사무친 한이 어떤 경각심을 일깨워줬는지도 모른다. 그날이 마침 보름이라 타국에 뜬 달도 만월이었다. 여행의 피로를 풀고자 일행은 오래된 료칸 노천탕에 몸을 담갔다. 달빛과 풀벌레 소리와의 혼탕이었다. 온몸에 달빛을 적신 우리는 하나의 달로 새로이 태어나는 느낌이었다고 할까. 달은 그 밤에도 아픈 역사를 서러워하는 듯 시리고 창백하게 보였다.

여인의 상징이 달이라는 생각을 하게 된 것은 비단 여행지에서만이 아니었다. 달거리를 해야만 성숙한 여인이 되고, 또 달을 품어야 엄마가 되지 않던가. 그렇기에 달은 모성을 의미한다. 말괄량이 친구는 달거리를 한 이후로 다소곳하고 얌전해졌다. 상급학교에 진학하면서 치마 교복은 그녀를 더는 풀썩거리며 뛰어다니지 못하게 만들었다. 달거리는 말괄

량이 친구를 성숙한 여인으로 변모시켰다.

옛 여인들은 달거리 서답을 눈에 잘 띄지 않는 밤에만 널어 말렸다. 그것은 달과의 교감이겠다. 달이 뜨는 주기에 맞춰 대야에 흥건하게 쏟아내던 달빛이 몸안에 들어앉으면 여인의 몸은 작은 우주가 된다. 달이 차면서 생명의 경이로움과 함께 가냘픈 여인을 강한 모성으로 바꾸어 놓는다. 옛 여인들은 달을 가지기 위해 간절하게 빌기도 했다. 그랬던 달이 이제는 시골 구석구석까지 들어선 불빛에 설자리를 점점 잃어가고 있다. 둥두렷한 달이 떠올라도 가로등에 가려 어느 것이 달인지 쉽게 찾지도 못한다. 그래서일까. 생명을 잉태한 만삭의 여인도 보기 드물어졌다.

달은 밤의 요정이 아닐까 싶다. 그것을 바라보는 사람들의 마음을 은근히 요동치게 하니 말이다. 석양의 여운이 살짝 감도는 초저녁에 서쪽 하늘에 뜬 초승달을 오래도록 지켜본 적이 있다. 대장장이가 불구덩이에서 달군 쇳덩이를 수많은 망치질로 두들겨 만든 무쇠 칼처럼 선이 날렵하다. 그 옆에는 유난히 반짝이는 금성이 동무처럼 가까이 있어 외롭지는 않겠다. 때마침 자동차 오디오에서 〈세상의 모든 음악〉의 진행자가 "오늘 하루도 수고 많았습니다."라며 묵직하고 감미로운 목소리로 저녁의 문을 열어젖힌다. 그의 따뜻한 말 한마디에 나도 모르게 울컥 서러움이 치민다. 그날은 나에게도 힘든 일들이 무척 많았던 모양이다. 아니, 초승달 때문인지도 모르겠다. 이내 감미로운 음악이 흐르고, 흔들리던 마음도 차분하게 가라앉았다.

올해도 막바지에 이르렀다. 창을 열자 가로등 사이로 붉은 기운이 가득하다. 지난날, 달이 잠긴 바닷가에서 달집이 활활 타오르고, 등이 조붓한 당신이 빌고 또 빌던 실루엣이 주마등처럼 지나간다. 심호흡으로 가슴을 열자 밝고 환한 보름달이 나를 비추며 내 안으로 들어선다.

먼 시간을 건너서 보내온 당신의 기도인가, 이토록 가슴이 뜨뜻한 것은.

뜻밖의 행운

그날은 마침 장날이었다. 남도 특유의 사투리가 서도창처럼 귓전을 맴돌았다. 장마당을 이리저리 기웃거렸지만, 가위질에 신명 난 엿장수나 북소리 장단에 각설이 타령하던 약장수는 보이지 않았다.

출발할 때부터 남도의 가을을 듬뿍 담아오리라 잔뜩 기대하고 있었다. 하지만 대형마트에 떠밀린 장터는 그저 명맥만 유지하는 듯 썰렁했다. 삭정이 같은 몸으로 농사지은 나물과 곡식들이 대부분이었다. 토란 줄기와 고구마 줄기, 하얀 박고지를 샀다. 묵나물은 어디서나 살 수 있지만, 요즘은 대부분 건조기에서 말린 것들이다. 깨끗하고 때깔도 곱지만 깊은 향과 맛은 비할 바가 못 된다. 담양 오일장에 나온 나물에서는 바람이 싣고 온 대나무 향이 쌉싸름하게 배어있을 것 같다.

소쿠리 가득 담아놓은 석류에 눈이 번쩍 뜨인다. 모양새가 볼품이 없어 그런지 아무도 거들떠보지 않는다. 가을볕에 얼굴이 익은 노파는 졸고 있다. 석류는 농익어 제풀에 부풀어 껍질이 쩍 벌어졌다. 촘촘히 들어박힌 알맹이는 한 알만 빼 먹어도 내 안에서 맑은 유리구슬 구르는 소리가 날 듯하다. 아! 비로소 기대했던 남도의 가을을 듬뿍 담았다. 석류 한 보따리를 옆 좌석에 앉히고 웃음부터 나는 옛일을 떠올린다.

대처에서 공부했던 시절이다. 옆집엔 듬직한 석류나무 한 그루가 있었다. 그 나무가 유독 우리 집 담을 넘어서 가지를 길게 뻗고 있었다. 곱상하게 늙은 할머니와 할아버지는 석류가 익어 껍질이 툭 터져도 새콤한 그 열매엔 별 관심이 없었다. 마침 우리 집 우물가에 나무가 있어 가을이면 얼마나 침을 흘렸는지 모른다.

중간고사 기간 때인 것 같다. 옆방에 사는 언니들과 밤샘 공부를 하자고 약속했다. 한밤중이 되자 잠을 쫓는다며 차례로 마당으로 나왔다. 모두 석류를 따 먹자고 작당했다. 슬쩍 몇 개를 땄다. 발갛게 익어 달콤하면서도 아주 시었다. 졸음을 쫓는 데는 명약이었다. 알맹이를 하나하나 발라먹으니 얇은 막과 껍질이 수북했다. 대문 밖 공터에 내다 버리고 공부하다 깊은 잠에 빠졌던 모양이다. 일어나니 밖이 소란스러웠다. 동네에 도둑이 들었다고 했다.

이럴 수가! 물건 잃어버린 것은 뒷전이고, 잔뜩 까먹고 간 석류가 더 큰 화제였다. 간이 커도 보통 큰 놈이 아니라고 모두 입방아를 찧었다. 정신을 차리고 보니 우리 집이나 옆방 살림도 털어갔다. 시험공부한다고 저녁 설거지도 하지 않고 양동이에 그냥 포개 놓은 것들이었다. 알루미늄 솥과 도시락, 양은 냄비와 수저까지 담긴 채로 몽땅 들고 갔다. 얼마나 아쉬운 것이 많은 도둑인지 빨랫줄에 널어놓은 손수건과 하얀 양말도 걷어갔다. 이 황당한 순간에 석류 때문에 웃음을 참느라 혼이 났다. 그날 아침도 못 먹고 어수선한 마음으로 시험을 쳤으니 성적이 잘 나올 리가 만무했다. 석류를 보쌈해 먹은 죗값을 톡톡히 치른 셈이었다.

고향에는 집집이 석류나무가 한 그루씩은 있었다. 그 꽃이 만개하면 칸나꽃도 접시꽃도 새색시 다홍치마같이 얼굴을 붉혔다. 화려한 그 색채에 시골집은 더 환하게 보였으리라. 이제 생활 공간이 도심이고 아파트에 살다 보니 석류나무를 만나기가 그리 쉽지 않다.

시립박물관 근처였다. 큰 길목에 자리 잡은 경로당에는 유일하게 석류나무 한 그루가 듬직하게 서 있었다. 다른 나무는 심지 않고 하필 석류일까? 그곳을 지날 때마다 궁금했다. 흐드러지게 핀 꽃에 끌려 슬쩍 들어가 본 적이 있다. 붉은 벽돌로 지은 낡은 건물만큼이나 세월을 먹은 석류나무는 둥치가 제법 컸다. 방안에는 노인네들이 화투패를 들고 꽃 싸움에 정신이 없었다. 농염하게 피어있는 진짜 꽃에는 관심이 없는 모양이었다. 석류나무 밑에는 지팡이 대신 끌고 온 유모차가 줄지어 서 있었다.

석류나무는 암꽃과 수꽃이 사랑을 나누느라 유월의 열기는 더 뜨거웠다. 그 난리통에 벌은 꿀을 훔치느라 잉잉거리고, 바닥에는 떨어진 꽃으로 붉은 빛이 흥건했다. 꽃도 사랑을 찾아 치열한 전쟁을 치렀나 보다. 수꽃은 상처투성이로 처참하게 바닥에 널브러졌고, 암꽃은 얼마나 다급했는지 꽃 속에 그대로 씨앗을 품었다. 잉걸불 같은 이글거리는 사랑을 나누었을까. 나뭇가지엔 벌써 아랫도리가 뭉실한 꽃들도 더러 달려있었다. 생김새나 빛깔이 요염한 꽃은 가까이만 가도 온몸이 후끈 달아오르는 듯했다. 열매뿐만 아니라 꽃에서도 에스트로겐을 줄줄 흘리는지도 모르겠다. 여름 땡볕에 초승달과 보름달을 헤아리며 만삭이 된 열매는 해산날을 기다릴 테고, 가을이면 저절로 껍질이 툭 터져 사랑의 결실을 보여줄 것이리라.

석류는 여성의 과일이라고 한다. 홈쇼핑에서는 화려한 루비 빛 옷을 걸친 쇼핑호스트가 석류로 만든 젤리를 들고 호객한다. 갱년기 우울증도, 푸석한 피부도 원숙한 아름다움으로 되돌아온다고 극찬이 이어지고 있다. 내 몸도 에스트로겐이 바닥이 났기 때문일까? 그 광고에 귀가 솔깃해진다. 옛 어른들은 다산을 생각하며 집집이 석류나무를 심었건만, 요즘 젊은 세대들은 아예 결혼조차 하지 않으니 어찌 아기 울음소리를 들을 수 있겠는가.

요즘 오일장은 설자리를 잃어가고 있다. 대형 마트에서 먹을거리를 사는 추세다 보니 시골 장터라도 순박한 인간미를 찾기가 어렵다. 컴퓨터 기계만이 해독하는 막대기 가격표 숫자가 말이 필요 없이 정확하다. 물건값을 치르기 위해 흥정을 하거나 입씨름을 하다 보면 인정도 석류알처럼 겹겹이 쌓일 텐데 말이다.

그날 담양 오일장에서 남녘의 잘 익은 가을을 한 보따리 사고, 덤으로 지나간 추억도 듬뿍 담아 왔으니 그야말로 뜻밖의 행운이었다.

강 하구河口에서

강 노을은 붉다 못해 핏빛으로 홍건하다. 때마침 불어오는 바람이 그 물빛을 쓸고 간다. 하얀 갈대꽃이 마구 흔들리다 멈춘 듯 잠잠하다. 바람에 눕고 일어서는 갈대 일색인데 붉은 강 노을과 빛의 조화가 강인한 듯 부드럽다.

광목에 수묵담채로 그린 그림이다. 바짝 마른 갈대의 가냘픈 대가 선혈이 낭자한 물너울에 닿을 듯 말 듯 아슬아슬하다. 그 위로 황금빛 햇살이 갈대를 휘어잡듯 팽팽한 기운마저 감돈다. 오직 갈대 그림만 그린다는 화가는, 갈대 속에 시가 있고 시 속에 음악과 춤이 있다는 화두를 완고하게 고집한다. 갈대 속에 녹아 흐르는 인간의 칠정七情을 먼 풍경처럼 담담히 그려놓았다. 그 그림 속의 갈대를 눈으로 쓰다듬는다.

황토로 염색을 몇 번이나 되풀이해서 노을을 드러낸다는 화가. 구릿빛 얼굴에 비스듬히 눕고 흐트러진 하얀 머리카락은 그림 속의 갈대를 연상케 한다. 선정적인 노을에 마음이 붙들려 한참을 그림 앞에 서 있었다. 그때 갈대가 서걱서걱 그림 밖으로 나와 강의 가슴을 훨훨 풀어놓는다. 그 그림을 서재에 걸어 놓으면 바람에 신들린 듯 흔들리는 갈대와 핏빛 노을이 한 편의 대서사시가 되겠다.

몇 해 전이다. 하던 일을 직원들에게 다 물려주고 서둘러 담박하게 정리했다. 매일매일 정신없이 반복되는 일상이 어느 날부터 나 자신을 기계 부속품이나 다름없는 궁지로 몰아넣고 있었다. 물질적인 풍요로움의 욕구는 가지면 가질수록 더 강해지는 마약 같은 존재였다. 반면에 정신적인 여유는 틈도 없이 꽉 조여 갈수록 피폐했다. 가속 페달을 힘껏 밟고 질주하는 자동차 경주에서 짜릿한 쾌감은 느끼지만, 그것은 생명을 담보로 할 만큼 위험한 순간이 아니던가. 그때 내 마음은 바람 앞에 선 갈대처럼 무시로 흔들렸다.

그날 강 하구에서 모처럼 해넘이를 보았다. 미련도 아쉬움도 없이 산등성이를 넘어가는 해가 아니던가. 욕심의 끈을 내려놓으면 모든 것들이 저렇게 아름다울 수도 있겠다는 생각이 들었다. 한해의 마지막을 장식하는 노을은 누군가의 황홀한 고백이고, 뜨거운 심장일 수도 있겠다. 노을은 흔들리는 갈대가 있어 더 아름다운 것이리라.

갈대가 물속에 서 있기 위해선 칼바람에 허리가 꺾이는 아픔도, 뿌리가 썩어 문드러지는 고통도 묵묵히 견뎠어야 했으리라. 우리네 삶도 각고의 노력으로 더욱 빛나는 것이 아니겠는가. 갈대의 아름다움도 그냥 얻어지는 게 아니라 척박한 환경에서도 살아남고자 하는 강인한 뿌리의 염원이 있었기에 가능했지 싶었다. 그러고 보니 나 또한 갈대처럼 생의 한때를 휘둘리며 살아왔고 그때는 그것이 나의 뜨거운 사명이었다. 그 바탕이 하던 일을 미련 없이 마무리하는 원

동력이 되었는지도 모르겠다.

지난여름 폭염 속에 길을 나섰다. 우연히 찾아간 강둑에는 붉은 깃발이 점령군처럼 강변을 차지하고 있었다. 강바닥을 정리하느라 불도저의 굉음 소리가 무작스러울 만큼 요란했다. 무심한 듯 흐르고 있는 강이 역사 이래 처음이라는 정비 시술을 받고 있었다. 본래 옛 나루터였다는 곳에 닿았다. 신라 눌지왕 때 가야국을 정벌하기 위해 물길을 왕래했던 흔적이 있는 곳이다. 그곳에는 '가야진사'라는 조그마한 사당이 모래톱에 자리 잡고 있었다. 사당에는 머리가 셋인 용신을 모시며 장병의 무운을 빌었다고 한다, 신라를 생각하고 가야를 생각하라고 붉은 깃발은 펄럭이고 있는 듯했다. 곧 어디로 떠날지 알 수 없는 '가야진사'에는 강바람만 무심하게 분다. 해질녘 노을이 담담하게 서사를 풀어놓은 낙동강 물에 지그시 귀를 대었다. 멀리서 흘러오는 강물을 보다가 다시 하류로 보내기도 했다.

붉게 타는 노을에 일렁이는 물결이 한 권의 고서古書가 된다. 그 순간 강물이 내 마음의 행간을 구구절절 흔들고 있다는 생각이 든 것은 우연이었다. 현재와 과거, 그리고 미래가 유장하게 흘러간다. 강의 종점이자 바다의 시작점인 하구는 또 다른 거대한 한 폭의 그림이었다. 그날 나는 그림 속의 갈대처럼 몹시 흔들리고 말았다.

오미 이모

무슨 좋은 일이라도 있는 걸까. 수화기 너머 딸내미 목소리가 한껏 들떠 있다.

"엄마! 우리 집에 도우미 이모 들였어요."

"이 무슨 뚱딴지같은 소리냐?"

일주일에 한 번씩 불렀던 가사도우미도 코로나19로 인해 끊은 마당에 입주 도우미를 들였다니, 도대체 이해가 가지 않아 얼떨떨하다. 항상 작은 일도 사사건건 의논하던 딸이다. 그럴진대 낯선 사람을 집안에 들이는 이 중대한 일을 어미인 나에게 한마디 상의도 없이 혼자서 결정을 하다니…. 아무리 생각해 보아도 이건 아니다 싶어 서운한 마음이 앞선다. 한편으론 궁금하기도 하고, 걱정스럽기도 하다. 오죽했으면 세상에서 제일 무서운 것이 사람이라고 했을까. 그것도 바다 건너왔다는 도우미를 어떻게 믿는단 말인가. 아무리 마음을 편히 가지려 해도 걱정이 비누 거품처럼 부글부글 부풀어 오른다.

이런 마음을 눈치챈 딸은, 엄마가 몰라서 그렇지 우리 아파트에도 이모를 쓰는 사람이 제법 있고, 제 친구 몇몇도 이모한테 일을 시키고 있다며 설레발을 친다. 일한 수고비도 적게 들고, 잡다한 사고가 터지면 책임지는 곳도 있으니 너무 걱정하지 말라며 태평양 같은 너스레까지 떤다. 귀중품은 미리 잘 챙기고 항상 말조심하라는 당부로 전화를 끊으려는데, 말이 통하지 않으니 그런 것은 신경 쓸 필요도 없을뿐더러 일을 시켜 놓으면 꼼꼼하게 알아서 잘한다는 말까지 덧붙인다. 그 말을 듣자 괜스레 약이 오른다. 무슨 일이든지

빠르게 결정하는 것이 세대 차이인가 하고 창밖을 내다본다. 밝고 환한 대낮인데 아파트 울창한 숲이 왠지 낯설고 서먹하다.

아침부터 또 전화다. 며칠 일을 시켜 보지도 않았는데 일 잘한다며 전화통이 불이 날 정도로 자랑질이 끝이 없다. 이참에 엄마도 오미 이모 친구를 소개해 줄 테니 한번 써보라고 권한다. 그러잖아도 낯선 사람을 집에 들이기가 선뜻 내키지 않아 어머님 생전에 있던 도우미를 이십 년 넘게 계속 쓰고 있다. 때론 하는 일이 마음에 들지 않아도 한가족처럼 믿고 마음 편하게 생각했는데 딸은 그렇지 않은 모양이다.

사람의 마음이란 참 간사스럽다. 딸내미 부추김에 귀가 솔깃해진다. 옆에서 통화를 엿듣고 있던 그이가 대뜸 고함을 지른다. 도대체 뭘 믿고 그런 사람을 집에 들인다고 하냐며 우리 집은 물론 필요 없고, 딸아이 집도 당장 내보내라고 호통이다. 그이의 언성에 놀란 딸내미가 전화를 뚝 끊는다. 이런저런 걱정에 휩싸여 심란하다. 얼마나 힘이 들었으면 어미한테 말은 못 하고 저렇게 생판 모르는 남을 집에 들였을까. 며칠 전만 해도 잠이 부족한지 연신 하품을 하던 모습을 생각하니 마음이 짠했다.

“반찬 좀 만들어 줄까?”

“이제 괜찮아요. 오미 이모가 도와주고 있잖아요.”

딸내미의 목소리가 한결 밝다. 그래도 열무김치와 배추김치를 담그고 밑반찬 몇 가지도 만들었다. 밥 먹는 식구가 한 명 더 늘었으니 큰 통에다 넉넉하게 담는다. 내 애잔한 마음도 꾹꾹 눌러서 듬뿍 넣었다. 김치 가져가라는 전화 한 통이면 금방에 조르르 오는데, 오늘은 오미 이모를 만나고픈 마음에 손수 김치 통을 들고 나선다. 그이도 궁금한지 뒤따라 나온다.

딩~동. 벨을 누르자 딸내미가 얼른 쫓아 나온다. 집안을 두리번거리는 내 눈치를 보고 오미 이모는 지금 식사 중이라고 한다. 어른이 왔는데 나와 보지도 않는다고 나는 샐쭉한 표정을 지으며 구시렁거린다. 그런데 거실과 식탁에는 아무도 없다.

“오미 이모는?” 나도 모르게 말끝에 날을 세운다.

"저기 있잖아요." 딸내미가 발코니 창문 아래 구석을 가리킨다. 대륙에서 건너왔다는 샤오미 로봇청소기가 충전도크 위에 얌전히 앉아 밥을 먹고 있는 게 아닌가.

아! 이럴 수가!

뒷모습은 보여주는 것이 아니라 들키는 것이라 했던가.
다른 이의 시선에 무방비로 노출되는 곳이 아니던가.
그러다 보니 남이 더 많이 봐주는 곳이다.
그래서 뒷모습은 언제나 정직하다.

3. 뒷모습을 읽다

모과

뒷모습을 읽다

태자 길들이기

방생

레시피가 없어요

집에 가자

사시나무야 이제 떨지 마

여름 맛

노란 소용돌이

모과

모과 한 알이 숨쉬고 있다. 연하지도 진하지도 않은 노란 향기가 승용차 안을 가득 채운다. 잔잔한 숨결이 느껴진다. 싱그럽고 풋풋한 꽃향기와는 다르게 폐부 깊숙한 곳까지 따뜻하게 스미는 우아한 향이다.

물계서원勿溪書院 뜰에서 주워온 모과다. 지방 유림의 학문과 덕행을 추모하기 위해 위패를 모신 성씨成氏 문중의 서원이다. 특히 사육신의 한 사람인 성삼문의 위패도 봉안되어 있다니 절로 숙연해진다.

똑같은 유실수라도 자라는 장소에 따라 나무의 모양과 과실의 향기도 다르게 느껴진다. 그것도 늦가을에 인기척이라고는 없는 공간에서 탐스럽게 여문 모과 향기가 서원의 썰렁한 온기를 데운다. 모과나무 혼자 꽃 피우고 열매 맺어, 농익은 채 떨어져도 그 누구도 관심을 두지 않은 모양이다. 노랗게 익은 모과가 낙엽 위에 지천으로 나뒹군다. 노다지 횡재를 줍느라 언행을 조신하게 해야 할 서원에서 일행들의 웃음소리만 낭자하게 퍼진다.

감나무는 형제자매가 많은 남향집에 있을 때가 가장 사랑스럽게 보인다. 빨간 감이 주렁주렁 달린 감나무를 보면 고향 옛집이 생각난다. 마당 가장자리와 깊은 우물이 있는 뒤란에는 담장을 훌쩍 넘긴 둥치가 굵은 감나무가 많았다. 과일이 귀한 시절, 풋감은 소금물에 삭혀 먹고, 서리를 맞아도 떫은 감은 광에 갈무리해 두면 저절로 홍시가 되었다. 그 기다림의 시간에는 철새가 날아들고, 함박눈이 소복소복 쌓이는 날엔 처마에 고드름도 주렁주렁 매달렸다.

모과나무는 이곳 서원의 한적한 공간에서 차갑고 시린 하늘을 노란 열매로 받쳐 들고 있을 때가 가장 아름답고 서정적으로 보인다. 옛 선비들의 체취가 서린 듯해 볼수록 정감이 간다. 모과는 사람의 손길을 타지 않고 제멋대로 자란 것이 향이 짙다고 한다. 그러다 보니 제가끔 울퉁불퉁 투박하고 못생긴 것이 좋은 상품이다. 탐스럽게 익은 노란 빛이 매력적인 껍질에 비해 속살은 나무토막같이 단단하고 맛은 떫기만 하다. 과즙 한 방울도 나올 것 같지 않아 그 쓰임새도 많지 않다. 하지만, 진한 향기 하나로 사람들의 사랑을 한몸에 듬뿍 받는다. 가을의 징표 같다고나 할까. 모과는 쉽게 속을 내보이지 않는 심지가 곧은 선비를 연상하게 한다. 아니 선비의 향기가 아닐까 하는 생각이 드는 것이다.

요즈음은 우리가 아닌 혼자라는 단어가 더 익숙하다. 혼자 밥을 먹고, 혼자 여행을 하고, 혼자 술을 마신다. 예전에는 상상도 할 수 없는 일이다. 사람이 사람을 불신하는 무서운 시대에 차라리 혼자가 편한지도 모르겠다. 나 역시 혼자 승용차를 타고 다니는 때가 많다. 모과 향을 옆자리에 앉히고 오디오에서 묵직하게 흐르는 첼로 선율을 듣는다. 향기가 가슴을 적시고, 음악은 마음을 움직인다. 홀로 세상을 살아가는 틈새에 호흡하듯 모과 향이 나직하게 추임새를 넣는다. 좁은 한 공간에서 묵언으로 나누는 너와 나의 소통인 셈이다. 11월도 글피면 지나간다. 강원도 산간지방에는 벌써 눈이 내리고, 여기 광안리 해변에는 비가 내린다. 시국이 어수선해서인지 차가운 바깥 날씨보다 마음이 더더욱 시리다. 이럴 때일수록 따끈한 차가 그립다. 꿀에 재워 묵혀둔 모과차를 끓인다. 모과는 나무에서 된서리를 맞고 노랗게 익은 것이라야 향이 깊다.

몇 년 전에 내소사 들머리에서 마신 모과차는 시간이 오래 지나도 최고의 맛으로 기억된다. 단풍의 절반이 땅으로 내려앉는 11월의 셋째 주말이 변산반도 여행의 절정기다. 선운사와 도솔암을 돌아 내소사 어귀에 있는 숙소에 여장을 풀고, 전통찻집에 들렀다. 저녁 반주에 취기가 약간 도는 것을 눈치챈 곱상한 주인장이 모과차를 권했다. 게다가 오디오에서 흘러나오는 최백호의 〈낭만에 대하여〉 노래가 늦가을 분위기를 잡는다. 낯선 곳에서 듣는 걸쭉하면서도 구성진 음색이 모과 향기에 묻혀 황홀했다. 그날 밤, 우리 일행은 주인장과 어우러져 남도의 맛과 멋을 논하며 새벽까지 차를 마셨다.

서원에서 모과를 주워 온 지도 한 달하고 보름이 지났다. 다른 과일은 며칠만 지나도 물러 터져 역한 냄새를 풍기는데 모과는 그렇지 않다. 노란빛이 서서히 변해갈 뿐 형태는 그대로다. 껍질에 노란빛이 조금이라도 남아있는 동안은 은은한 향을 발산한다. 그런데 오늘, 온통 새까맣게 변하고 향기마저 뚝 끊겼다. 생을 마감한 뒷모습이 돌덩이처럼 차갑고 딱딱하다. 가슴 속에 남아있는 말 따윈 함구하겠다는 단호함이 만져진다. 서슬 퍼런 결기로 심지가 꼿꼿한 선비를 다시 보는 듯하다.

지금처럼 말들이 활개를 치는 어지러운 세상에 모과 같은 선비가 기다려진다. 그렇다 보니 모과 향기는 낙향한 선비가 가슴으로 읊던 시조창인지 모르겠다. 세상 밖으로 나서지 않으면서 자신을 단속하던, 그들의 침묵조차 커다란 울림이 되는 한 줄의 명문장이다.

뒷모습을 읽다

흑곰 한 마리가 웅크리고 앉아있다. 두 개의 짙푸른 관음죽 화분을 대나무 숲으로 착각했을까. 다소 미련스러워 보이기까지 한다. 머리와 목덜미는 곧추세웠지만, 사냥은 언감생심 벌레 한 마리도 잡을 야성은 보이지 않는 순둥이다. 온종일 한눈팔지 않고 현관문만 응시하는 옹고집이 있다.

한때는 큰 유리 수석장 안에서 아버님의 사랑을 독차지했던 녀석이다. 그러나 주인 잃고 이십 년이 지난 지금은, 중문 앞 에 퍼더 앉아 내 눈치나 슬슬 살피는 신세다. 며칠씩 집을 비워도 우리 집 파수꾼인 듯 든든하게 집을 지켜줄 것 같아 마음이 놓인다. 현관을 나서면서 집 잘 지키라며 넌지시 당부까지 한다.

아버님은 수석에 관심이 많으셨다. 주택 아래층 베란다 밑에는 갖가지 형태의 돌들이 수두룩하게 쌓여있었다. 내가 보기에는 그저 흔하고 평범한 돌인데 아버님의 손길을 거쳐 좌대에 앉히면 훌륭한 작품으로 탄생했다. 어떤 돌은 들었다 놓기를 반복하면서 몇 달을 두고 요리조리 살피며 고심하셨다. 억센 솔로 문지르며 묵은 때를 씻어내고, 부드러운 사포로 갈고 닦아 희귀한 문양을 찾아내기도 했다. 때로는 돋보기를 들이대고, 돌 가슴팍에 박힌 아리고 쓰린 상처인 옹이를 쓰다듬으며 오래 관상觀賞을 하셨다.

옛날 여인들이 "내 가슴속에는 소설책 몇 권은 들어있다." 라고 푸념 삼아 하는 이야기를 종종 듣는다. 돌도 그렇다. 사람처럼 희로애락을 지니고 있지 싶다. 천년만년 태고의 풍상을 겪으면서 서로 부대끼고 휘둘린 상처의 흔적을 무늬로 갖고 있다. 그러다 보니 생김새가 똑같은 돌은 하나도 없다. 회화는 내가 표현하고자 하는 것을 흰 여백의 캔버스에 마음대로 그리면 되지만, 돌은 자연이 만든 예술품이 아니던가. 이렇듯 돌 하나에도 다양한 문양과 물형物形을 찾아내기는 이른바 무에서 유를 창조하는 힘든 작업과도 같은 일을 아버님은 즐기셨다.

돌에도 사람처럼 지나온 흔적을 고스란히 담고 있다. 사람의 얼굴을 보면 그 사람의 성격과 됨됨이, 살아온 인생 역정이 묻어난다. 눈과 입을 둘러싼 수없이 많은 주름살의 방향에 따라 다양한 삶을 살아온 길이 읽힌다. 더러는 상대를 혼란에 빠뜨리게 하는 화장술로 감쪽같이 변장하기도 하지만, 그러나 돌은 사람처럼 변화무쌍한 감정이 없다. 가식이나 위장 없이 생긴 그대로를 내보인다. 인위적인 기교가 없을 뿐더러 눈이 아니라 마음으로 보아야 하기 때문이다.

우리 집 흑곰 녀석도 앞발을 날카롭게 조각한 좌대가 없다면 뒷모습만으로는 그 생김새를 유착하기 어렵다. 아무런 형상을 보이지 않을수록 더 깊은 사유와 상상의 나래를 펴게 한다. 그래서 수석壽石을 살아있는 돌이라 격찬하면서 탐석을 떠나는지도 모르겠다.

그해 여름은 몹시도 더웠다. 몸이 좋지 않아서 일찍 퇴근하고 집으로 오는데 숨이 턱에 걸리는 것 같았다. 집 근처에 겨우 왔을 때 몇 미터 앞서 걸어가는 한 노인의 뒷모습이 몹시 힘겨워 보였다. 굽은 등이 바짝 마른 몸을 힘겹게 지탱하고 있었다. 땀에 젖은 후줄근한 반소매 티셔츠는 뼈가 앙상한 두 팔을 더더욱 초라하게 내보였다. 내 걸음이 조금 빨랐을까. 가까이서 보니 아버님이셨다. 가슴이 철렁 무너져 내렸다. "아버님!"하고 차마 부를 수가 없어 그냥 뒤따라 걷고 있었다. 부모는 자식의 얼굴이라며 밖에 나갈 때는 귀찮아도 양복을 차려입는다고 하시던 정갈한 분이 아니시던가. 삼십 년을 넘게 한집에 모시고 살면서 이렇게 온전한 아버님의 뒷모습은 처음 본 것이었다.

여든다섯의 체구는 아득한 시간에 눌려 삭정이처럼 작아졌다. 일제 강점기에는 일본에서 외톨이로 일했고, 그 후에는 일곱 형제의 맏이로 일찍 돌아가신 아버지를 대신해 그 빈자리를 대신해야 했다. 당신의 자식 육 남매 또한 무거운 등짐이었으리라. 이렇듯 힘들고 고달픈 생을 살다 보니 뜨겁게 끓던 가슴은 마그마처럼 녹아내리고 식어가면서 서서히 굳어져 갔을까. 구멍 숭숭한 현무암 덩어리를 보는 듯하다. 아버님의 뒷모습을 따라가면서 그 어떤 말로도 당신 생을 위로할 수 없었다.

뒷모습은 보여주는 것이 아니라 들키는 것이라 했던가. 다른 이의 시선에 무방비로 노출되는 곳이 아니던가. 그러다 보니 남이 더 많이 봐주는 곳이다. 그래서 뒷모습은 언제나 정직하다. 단순히 어깨가 처지고, 허리가 굽고, 걸음걸이가 바르지 못한 것에 잣대를 들이대며 바른 삶을 강요할 수는 없다. 전장에서 적장에게 등을 보이면 바로 죽음이요, 가까운 사람 사이에서 등을 돌리면 절교라고 하지 않던가. 등은 내가 보기 힘든 곳이라 그 표정을 읽을 수는 없지만, 내면 깊숙이 사람의 감정을 저울질하며 조율하는 곳이라는 생각이 언뜻 스친다.

고층 아파트는 열어놓은 창문으로 가끔 세찬 바람이 들어온다. 그때마다 흑곰은 그 무거운 몸뚱이로 중문의 받침대 역할도 톡톡히 한다. 하지만 요즘같이 쌀쌀한 날씨에는 중문도 닫혀 있어 그다지 할 일이 없다. 주인을 닮아 게으름만 피우던 녀석도 봄바람이 그리운 모양이다. 창문을 활짝 열자 이내 따뜻한 봄기운이 온 집안에 감돈다. 관음죽 잎에 쌓인 먼지를 털어 내고, 녀석의 앞발을 기름걸레로 번쩍번쩍 광이 나도록 닦는다. 혹시라도 뛰쳐나가 장끼라도 한 마리 낚아채 올지 누가 알겠는가. 허리와 궁둥이의 먼지도 조심스럽게 닦는다.

아뿔싸! 이놈의 뒷모습이야말로 허상이 아닌가. 흑곰은 온데간데없고 어느 계곡을 굴러다니다 멈춘 뭉툭하고 길쭉한 돌덩이 하나 덩그러니 놓여있다. 탐석을 하다 말고 너럭바위에 시원한 바람 소리를 깔고 앉아 차가운 계곡물에 탁족하는 아버님의 뒷모습이 보이는 듯하다.

태자 길들이기

와장창!

전자레인지 유리가 박살 났다. 바닥에는 산산조각 난 유리 파편들이 나를 쏘아보듯 날을 세우고 있다. 혼비백산한 그이가 손에 들고 있던 계란찜 뚝배기까지 놓쳐버렸다. 주방은 삽시간에 뜨거운 음식과 깨진 유리 조각들로 뒤범벅이 되었다. 이 난장판을 빨리 수습해야 하는데 나는 꼼짝할 수가 없다. 어쩔 줄 몰라 허둥대는 그이를 보고 있자니 안타까

움만 앞선다.

그이가 주방에 들고서부터 어느 것 하나 남아나는 것이 없다. 매일 부딪치고 깨지는 사고 연속이다. 온전한 것은 그것을 지켜봐야 하는 나의 시선뿐이다. 멀대같이 큰 키로 개수대 앞에 서 있는 모습은 마냥 어설프다. 유리 주전자는 차를 두 번 우려내고는 주둥이가 날아갔고, 개수대를 들락거리던 보시기 접시는 이가 빠지고 깨졌다. 전자레인지는 몇십 년을 사용해도 바닥에 장착된 두꺼운 유리가 뚝배기에 달라붙어 나온 적은 한 번도 없었다. 그것도 음식을 조리한 것이 아니라 데우는데도 말이다. 안타깝고 속상하지만 어쩔 도리가 없다. 아파트라는 공간이 소리는 더 크게 들리니 아래층에 민망스럽기 그지없다. 그릇 깨어지는 소리가 고스란히 전달될 것이 아닌가. 아래층도 이사 온 지가 두어 달밖에 지나지 않았는데 위층은 도대체 어떤 이상한 사람이 사는지 궁금할 것이리라.

내 안의 또 다른 내가 롤러코스터를 타기 시작한다. 눈앞에 보이는 온갖 사물이 빙글빙글 돌고 돈다. 돌아가는 나를 멈추려고 얼마나 손에 힘을 주었는지 식은땀이 흘러 속옷이 흠뻑 젖는다. 위장에 있는 노란 물 한 방울까지 다 토해내고는 기진맥진한다. 병원 응급실에 가서 주사를 맞고 겨우 정신을 차린다. 내 안의 무지막지한 나를 이렇게 두고 봐야 한다는 것이 무섭다. 철석같이 믿었던 건강이었다.

대학 병원에서 정밀 검사를 받았다. 의사는 달팽이관에 이상이 생긴 메니에르병이라고 했다. 생소하고 희귀한 병명만큼 다스리기가 온순하지 않다. 많은 환자가 이 질병으로 검진을 받는 걸 보고 깜짝 놀랐다. 나처럼 고통을 받는 사람이 이렇게 많다는 사실에 절망했다. 의사는 무조건 안정을 취하고 저염식을 권한다. 그렇지 않아도 어지럼증으로 입맛을 잃었는데 음식을 싱겁게 먹어야 하다니, 입술이 바짝바짝 타들어 간다. 그 조그마한 달팽이관이 사람 몸의 중심을 관장한다는 사실에 새삼 놀랐다. 잘못하면 청력도 잃을 수 있다는 것에 마냥 불안하다. 순간 민달팽이의 저주 같다는 엉뚱한 생각이 들기도 했다.

몇 해 전, 부추에 딸려온 어린 민달팽이 한 마리를 베란다

화분에 풀어준 것이 화근이었다. 그 사실을 생각지도 못하고 지냈는데, 어느새 커 버린 놈이 거실까지 침범했을 때 사태가 심각한 것을 알았다. 낮에는 보이지 않다가도 밤이면 활보하니 아연실색할 뿐이었다. 한밤중에 베란다 문을 열었다.

세상에 이럴 수가! 민달팽이 수십 마리가 떼를 지어 기어다녔다. 온몸이 부들부들 떨렸지만 어떻게 할 수가 없었다. 난폭한 군주처럼 빗자루로 마구 쓸어 담아 이십 층 아래로 사정없이 던져버렸다. 창밖에는 살을 에는 섣달 그믐밤, 칼바람이 불고 있었다. 며칠을 계속하다 소탕 작전은 끝이 났다. 세제를 풀어 끈적끈적한 달팽이의 흔적을 씻어내며 쾌재를 불렀지만, 마음 한구석은 늘 찜찜했다. 아무리 미물이라지만 엄동설한에 그 많은 생명을 사지로 내몰았다는 자책감으로 밤잠을 설치곤 했다.

내 귓속에 든 달팽이의 위력은 대단했다. 그 달팽이로 인해 내 몸은 균형을 잃고, 이십 층이 아닌 천 길 나락으로 하루에도 수십 번씩 떨어져 내린다. 또 언제 고난도 롤러코스터를 탈지 불안과 공포에 벌벌 떨었다. 잠도 잘 수가 없었다.

나를 제압하는 달팽이관이 무기를 든 테러리스트보다 더 무서운 존재였다. 지난해 가을부터 한 계절을 오롯이 입원과 퇴원을 반복하며 병원을 들락거렸다. 나는 분명 달팽이의 저주에 걸려들었던 것이다. 두 손으로 귀를 움켜쥔 내 모습은 뭉크의 절규 속 사내를 떠오르게 했다. 시시때때로 혼란스러워하는 나를 지켜보면서 좌불안석하던 그이는 내가 신경이 예민해서 엉뚱한 생각을 다 한다며 나무랐다.

고희가 넘도록 라면도 한 번 끓여 먹지 않던 그이다. 이런 아버지를 짓궂은 딸내미는 태자님이라고 깍듯이 존칭을 쓰기도 한다. 내가 생각해도 그이는 '황태자'로 태어난 것 같다는 생각이 들 때도 많다. 시부모님은 장남에 대한 믿음과 애착이 대단하셨다. 육 남매로서 여동생 한 명에 남동생이 넷이나 되니 오죽이나 갑질을 했을까. 시동생들은 군림하는 그이를 아버님보다 더 두려운 존재로 치부했다. 거두절미하고 "말도 하지 마세요."였다. 총각 때는 동생들을 마음껏 부려먹었을 것이고, 결혼하고서는 삼십 년 넘게 부모님과 함께 살았으니 주방에 들어올 일은 없었다. 부모님이 돌아가시고는 내가 잠시 집을 비우면 성년이 된 아들과 딸이 챙겼다. 지금은 출가한 딸이 아파트 같은 동에 사니까 내가 없으면 딸내미 집으로 행차한다. 내가 먹을 것을 다 챙겨 놓아도 소용이 없다. 지인들은 애초에 길을 잘못 들였다고 하지만, 환경이 그렇게 만든 것을 어찌하겠는가.

보호자 없인 꼼짝도 하지 못하는 내 모습이 한심하다. 자칭 수라간 상궁이라는 내가 기미 상궁도 못 되고 있으니 답답하고 죽을 지경이다. 억지로라도 먹고, 면역력을 키워야 달팽이의 무자비한 횡포를 잠재울 수 있는데 목구멍에서 넘어가질 않으니 어쩌라. 삼시 세끼 챙기고 먹던 일이 아득한 태평성대다.

이제 겨우 정신을 차리고 아침상을 차린다. 그이는 리클라이너 의자에 몸을 깊숙이 파묻고 새벽부터 티브이 시청에 푹 빠져있다. 며칠 전만 해도 당신은 꼼짝 말고 가만히 있으라던 자비의 말은 온데간데없다. 주방에는 아예 얼씬도 하지 않는다. 제대로 혼쭐이 난 모양이다. 딸내미는 기회가 왔을 때 태자님 길을 잘 들여야 한다고 잔소리를 해댄다. 그도 그럴 것이 급하면 딸내미한테 불이 나도록 전화를 해대니 말이다. 당장에 요리 학원 등록을 하자며 지엄한 그이의 눈치를 살핀다.

"마 됐다. 말도 안 되는 소리 하지도 마라." 일언지하에 거절이다. 전자레인지 유리를 박살내며 겨우 계란찜 한 가지 가르쳐놨는데 도로아미타불이다.

태자 길들이기는 애당초 글렀다.

방생 放生

바닷속 같은 수족관이다. 소라 껍데기와 크고 작은 조약돌이 오밀조밀하다. 가장자리에 우뚝 솟은 화산석에서 연신 기포가 올라온다. 물이 숨을 쉰다. 그 사이사이에는 물풀과 산호초가 무성하다. 미세한 공기 방울에 수초는 리듬 체조를 하듯 하늘거린다. 휴대폰 영상으로 보내온 수족관 풍경은 조화롭고 아름답다.

돌절구에서 자라던 구피들이었다. 그걸 지인의 수족관으

로 옮겨 놓았으니 처음에는 낯선 환경에 어리둥절해 하는 듯했다. 하지만 모든 것들이 신기한지 떼를 지어 여기저기를 휘젓고 다녔다. 지느러미와 꼬리 색상이 이내 몰라보게 화려해졌다. 즐겁게 지내는 모양이다. 조명등이 켜진 수족관 속을 무도회가 열린 화려한 무대로 여기는 것 같았다. 이리 춤추고 저리 춤추는 무희들같이 맵시가 곱다. 새로운 환경에 재빠르게 적응한 구피들이 대견하다.

구피를 지인에게 분양했을 때다. 팔월 한창 더운 날, 페트병 속에 갇혀 지인을 따라갔다. 오랫동안 키우며 정이 들어 나름 신경이 쓰였다. 공기가 잘 통하게 페트병 주둥이도 넓게 가위로 오려내고, 물도 넉넉히 넣었다. 가는 도중에 볕이 들지 않게 물배추도 동동 띄워 주었다. 그런데 집에 도착해서 보니 절반은 죽어있더라는 지인의 말을 듣고 한동안 마음이 아렸다. 살아남은 것들은 서둘러 수족관에 넣으니 이내 생기를 되찾아 재롱을 부려 지인 부부의 눈길을 사로잡았다고 한다. 그나마 다행이다 싶었다.

그런데 한 이틀이 지나자 안타까운 소식을 전해왔다. 주둥이를 연신 물 밖으로 내밀고 답답함을 하소연하듯 허우적거린다고 한다. 어떻게 할 수가 없어 애가 탄다. 구피를 질박한 옹기에 옮겨 보라고 했다. 그랬더니 이내 건강을 되찾아 꼬리를 치며 잘 논다고 한다. 그랬었구나. 하필이면 그 연약한 생명을 찜통더위에 보내 방생이 아니라 살생한 바나 다름없는 분양이었다.

산소 발생기나 여과 장치도 없이 부레옥잠과 물배추가 떠 있는 돌절구에서 자라던 구피였다. 돌의 질감이 다소 어두침침한 물속이지만, 그곳이 그들의 안온한 세상이었던 것이리라. 우도에서 잠수함을 타고 바닷속을 처음 봤을 때 나는 신비롭다기보다 두려움에 빨리 뭍으로 나가고 싶었다. 그들의 새 환경도 화려하고 신기할지언정 구피들에겐 몹시 두려운 곳이었지 싶었다. 가로등 불빛을 찾아 모여든 풀벌레들이 빛을 따라 정신없이 달려들다가 아침이 되면 싸늘하게 죽어있지 않던가. 생명체들은 지금보다 더 나은 환경을 동경하지만, 그곳에 적응하며 새 터전을 잡기란 죽음을 담보로 할 만큼이나 힘든 과정일 것이다.

나 역시 나이를 먹어가면서 어깨에 자꾸만 무게가 얹힌다. 그 무거움이 온몸을 짓누르면 어디론가 훌쩍 떠나고 싶어진다. 몸과 마음이 짐을 벗어 버리자고 은근히 압박해온다. 여행은 내 안의 갈등에 몸부림치며 갇혀있는 나를 자연으로 방생하는 일인지도 모른다. 그냥 차를 몰고 길을 나선다.

통도사 극락암은 가도 가도 또 가고 싶은 곳이다. 대나무 숲이 산의 능선을 광배처럼 끌어안고, 금강송도 붉은 가사를 걸친 듯 절간을 에워싼 암자다. 그 아래 사계절을 달리하는 풍광이 새롭다. 특히 자장매가 붉은 기운으로 봄을 깨우는 시기가 되면 느닷없이 걸음을 극락암 쪽으로 서두른다. 계절의 아름다움에 내 마음이 덩달아 기쁜 물결로 넘실거린다. 연지를 둘러싼 아름드리 벚나무 두 그루가 피워 올린 꽃도 장관이지만, 몇백 년을 지나온 무지개 돌다리를 건너 절간에 이르는 풍경은 참으로 아름다운 선경이다. 활짝 핀 꽃들의 작은 소요와 절간이 빚어내는 적막 사이를 잇는 돌다리가 평화로운 정경을 담아낼 때의 운치는, 말로만 듣던 극락이 바로 이런 곳이구나 싶어 새삼 깊은 감탄에 휩싸인다.

벚나무 아래 놓인 대나무 평상에 앉아 연지에 어린 돌다리의 그림자를 본다. 그 너머 극락이 있다고 해도 온몸이 후들후들 떨려 한 번도 다리를 건너지 못했다. 그런데 아이들은 사푼사푼 잘도 건넌다. 그러고 보니 아이의 마음이 극락 아니겠는가. 세상살이의 때가 묻은 어른들은 그 무거운 몸뚱이로 감히 용기를 내지 못한다. 극락교는 이런저런 업장이 두터운 중생에게는 호락호락 길을 내어주지 않는 것일까. 영혼이 맑은 아이들만 즐겁게 건너다닌다. 수면 아래 얼비치는 파란 하늘과 흰구름, 만개한 꽃들의 수중 세계가 극락일 것이라는 상상을 한다. 합장한 손을 가슴에 지그시 누르고 갖가지 사념들을 연못에다 풀어놓는다. 나도 모르게 어지러운 생각들이 하나둘 가라앉고 정신이 맑아진다.

방생 법회를 한다며 미꾸라지를 하천에 놓아주는 것을 본 적이 있다. 자연산인지 양식인지는 알 수 없지만, 방생이라는 의식에만 집착하는 것 같아 보는 내내 마음이 씁쓰레했다. 방생한 어류가 그 환경에 잘 적응할 수 있느냐는 뒷전이다. 내가 복더위에 지인에게 구피를 보낸 것처럼 말이다. 그

어진 생명을 사지로 내모는 것이나 다름없으리라는 생각도 들었다. 지인은 물고기를 방생하고 집에 오면 몸과 마음이 개운하고 일이 잘 풀린다고 했다. 물고기를 통해 내면에 깃든 잡다한 번뇌를 강이나 바다에 방출해버려 마음이 가뿐해졌다는 것은 아닐는지. 나 역시 나와 연결된 끈을 하나하나 놓아주고 자비로움으로 거듭나고 싶다는 욕구가 스멀스멀 기어오르는 때도 있다.

구피를 지인의 집으로 보낸 지도 벌써 한 달이 지났다. 잘 자라는지 궁금하던 차에 이른 아침부터 카톡이 바쁘게 울린다.

— 축하해 주세요. 우리 집에 새 식구 아기 구피가 태어났어요. 새벽부터 수족관에 돋보기를 들이대고 구피의 탄생을 관찰하는 중입니다. 이렇게 신기할 수가 없어요. 우리에게 큰 기쁨을 주어 고맙습니다.

새 생명을 두고 기뻐하는 지인 부부의 모습이 그려진다. 어느새 내 마음도 구피처럼 지느러미를 달고 극락암의 연지로 유영해간다. 때맞춰 산과 하늘, 절집이 일체를 이루면서 커다란 법열에 드는 듯하다.

레시피가 없어요

최첨단 기능을 가진 만능 냄비라 한다. 자칭 음식 솜씨가 별로인 그녀가 계량스푼과 컵만 있으면 요리가 자동으로 뚝딱 만들어진다고 입에 침이 마르도록 자랑이다. 두서너 달 생활비를 능가하는 고가이다 보니 그 정도 값어치는 해야지, 수긍은 하면서도 궁금한 점이 많았다.

진열대에 전시된 식기들이 하나같이 눈길을 사로잡는다. 오늘은 절대로 충동구매를 하지 않으리라고 마음을 다잡는다. 상품 판매를 위한 전략이라고는 하나 분위기에 휩쓸리다 보면 내 의지와는 다르게 무너진 적이 한두 번이 아니다. 한때는 그룹으로 요리를 많이 배웠다. 그때마다 유명하다는 수입 냄비와 그릇이 등장하고, 요리가 손에 채 익기도 전에 그것부터 먼저 챙겼다. 음식의 맛과 모양이 그 냄비에서 익히고 예쁜 그릇에 담아내어야만 고급스럽고 특별한 요리가 되는 줄 알았다.

요리사가 먹음직스러운 요리를 후다닥 만들어 시식으로 먼저 내놓는다. 전자 타이머가 부착된 냄비는 온도와 시간만 조절해 놓으면 자동으로 요리가 척척 만들어진다. 시식하기에 바쁜 지인들은 숙련된 요리사의 상술 따윈 아랑곳하지 않고 냄비만 극찬한다. 즉석요리라 맛도 최상급이다.

그 순간 나는 뜬금없이 우리네 가마솥을 생각하고 있었다. 가마솥에 타이머가 부착된 것과 똑같은 원리가 아닌가. 바닥이 두꺼운 냄비에 화력과 시간 조절만 잘 맞추면 가마솥처럼 모든 요리가 가능할 것 같았다. 한때 그 유명했던 일본의 코끼리 밥솥을 제치고, 세계에서 인기몰이하는 우리나라 압력밥솥의 기술도, 가마솥 원리를 그대로 적용한 것이라고 한다. 조상들의 음식 문화는 굽고, 지지고, 볶고, 끓이고, 찌고, 삭히는 모든 요리를 가마솥 하나로 다 만들었다. 부엌에서 가마솥은 살림의 시작이자 중심이며 끝이라고 했다. 그래서 가마솥과 아궁이를 신성시 여겼으며 함부로 대하지 않았으리라. 오늘날에도 이사할 때는 압력밥솥이나마 제일 먼저 옮겨 놓는다는 사람들도 많다.

요즈음은 티브이만 틀면 '먹방' 프로가 대세다. 그러다 보니 원하는 요리를 인터넷에 검색하면 다양한 레시피가 줄줄이 뜬다. 정해진 순서대로 따라 하면 대충 비슷한 맛이 나온다. 그런데 이상하게 몇 번만 먹으면 그 맛에 질려버린다. 유명 맛집도 마찬가지다. 대기 번호표를 손에 쥐고 한참 동안 기다려서 먹지만 똑같은 그 맛은 이내 물린다. 그런데도 맛집은 늘어나고 먹는 사람들도 넘쳐난다. 어느 외국인이 쓴 칼럼에 '먹방'은 음식 가치를 훼손한 기괴한 문화라며 폭식 방송을 즐기는 행위는 지성을 잃어가는 처사라고 따끔하게 꼬집는 걸 봤다.

금방 치댄 생김치를 손으로 쭉 찢어 밥숟가락 위에 척 걸쳐 먹는 외손자가 "역시 신가네 김치가 한 수 위네."라며 엄지손가락을 번쩍 치켜세운다. 어릴 때부터 내가 만든 김치를 잘 먹는 녀석이 마냥 예쁘다. 갓 삶아 김이 나는 돼지고기 수육을 한 접시 담아서 손자 앞에 놓는다. 이미 식사를 끝낸 그이의 장난기가 발동한다.

"그 녀석 친가에 가면 김가네 김치가 맛있다고 할 것이 뻔한데, 당신은 순진하게 착각을 해도 많이 하네."라고 녀석의 얼굴을 쳐다보며 슬쩍 말을 던진다. 이내 얼굴이 빨개지는 그 녀석을 보면서 가족들은 웃음보가 터진다. 모처럼 저녁 식탁이 풍성하고 화기애애하다.

손자 녀석이 중학생이 되고부터는 얼굴 보기가 힘들다. 오늘은 주말이고, 김치를 핑계로 푸짐하게 상을 차려 딸내미 식구들을 불러들인 것이다. 다들 밥 한 공기를 뚝딱 비우며 김치가 맛있다고 한마디씩 한다. 어느 때 먹어도 시원하고 감칠맛이 나는 김치는 레시피가 없다. 특별한 뭐가 들어가는 것도 아니다. 그냥 신선한 재료로 기본에 어긋남 없이 만드는 것이 비법이라 하겠다. 가족을 위한 사랑과 정성이 내 손의 온기를 조미료 삼아 버무린 맛이다. 공부하느라 힘이 드는지 몸은 야위고 키만 멀대같이 큰 손자 녀석이 맛있게 먹으니 흐뭇하다.

요즘 아파트 상가에서 제일 성업하는 곳이 반찬을 파는 가게라고 한다. 근거리에 두 곳이나 새로 문을 열었다. 도대체 어떤 반찬이 주민들의 입맛을 사로잡을까, 생각하며 그 가게에 들렀다. 아! 상술은 이런 것이구나. 부추와 해물을 넣고 밀가루 반죽을 한 부추전 재료가 입구에서 먼저 눈에 들어온다. 가뭄에 단비가 내리는 출출한 저녁나절이 아닌가. 번거로운 재료 손질할 필요도 없이 프라이팬에 굽기만 하면 되겠다. 소포장도 마음에 든다.

멸치볶음 하나도 양념이 다양하다. 생선조림이나 나물 등 뷔페식당에 나열된 음식처럼 신세대나 구세대 입맛을 아우르는 반찬들이다. 구석진 자리에는 즉석밥도 박스로 쟁여놓은 걸 보면 이곳에서 몇 가지만 사도 한끼 식사는 간편하게 해결할 수 있겠다는 생각이 들었다. 고객층이 맞벌이로 바쁘게 사는 이도 있지만 연로하거나 독신자들이 더 많이 이용한다는 것이다. 그리고 요즈음은 발코니가 없는 주상복합 아파트라 음식 냄새가 잘 빠지지 않아 집에서는 아예 음식을 하지 않는 사람들도 늘어나는 추세라고 한다. 그 말을 들으니 왠지 마음이 짠하고 서글프다.

딸내미가 김치를 담근다고 열무와 단 배추를 사놓고 전화통이 불이 난다. 계량 스푼이나 컵을 한 번도 사용해 본 적이 없으니 만드는 법을 어떻게 설명해야 할지 난감하다. 풋내나지 않게 절이고 감칠맛 나게 담그는 법을 조목조목 설명했는데 또 전화가 온다. 딸은 나름대로 요리에 소질도 있고 음식 만드는 것을 즐긴다. 일식, 중식, 양식을 아우르는 신세대 퓨전요리는 내 솜씨로는 따라잡을 수가 없다. 딸이 차린 저녁을 먹은 그이가 거두절미하고 "당신은 이제 끝났다."라고 할 정도다. 전혀 다른 형식의 요리를 뒤섞어서 새로운 맛으로 입맛을 사로잡는다. 딸은 레시피가 없는 엄마의 요리가 이 세상에서 제일 힘든 요리라고 타박을 준다.

시커먼 가마솥에서 무엇이나 뚝딱 만들어 내던 우리네 어머니는 레시피가 없어도 진정한 맛집의 요리사요, 주방장이셨다. 당신이 만든 음식은 내 안의 그리움이었다. 소박한 음식이 배고픔을 채워 준 것이라면 한 사발의 그리움은 포만감으로 영혼을 살찌웠다. 가마솥 바닥에 눌어붙은 누룽지에 쌀뜨물을 부어 구수한 숭늉 한 그릇 마셔야 제대로 먹은 한 끼 식사가 아닐까. 그러고 보니 나의 오감五感이 계량스푼이고 계량컵이다.

레시피가 없는 나의 요리는 아무리 먹어도 질리지가 않는 성찬이다.

집에 가자

아기가 된 여든 살의 그녀를 요양병원에서 만났다. 얼마를 넘기기 힘들 것이라는 환자 가족의 전갈에 가슴이 철렁 내려앉는다. 당당한 풍채에 음식 솜씨가 좋아 몇 해 전까지 제법 큰 한식당을 경영하던 그녀다. 뭉근하게 끓인 추어탕과 육개장은 개운하고 담백했다. 그 맛은 요즘 시골에서도 먹기 힘들다며 식당은 늘 손님들로 북적거려 손에 물 마를 틈이 없었다.

짧은 커트 머리에 왜소한 체구로 변한 그녀가 휠체어에 얹혀 내 앞에 나타났다. 머릿속에 모든 기억이 깡그리 지워지면 저렇게 해맑고도 소박한 얼굴이 되는가. 그녀의 손을 덥석 잡았다. 내 얼굴을 한동안 빤히 쳐다보다가 그만 아기처럼 엉엉 운다. 피붙이도 제대로 알아보지 못하고, 대소변도 가리지 못하는 그녀가 나를 기억한 것이다. 한 집안의 종부인 나에게 유독 살갑던 그녀였다. 바쁜 식당 일로 집안 대소사에 도움이 되지 못해 항상 미안해했다.

그녀는 자꾸만 무어라 입을 달싹거린다. 이미 말문을 닫아버린 그녀의 언어에 귀를 쫑긋 세운다. 말 한마디를 하기 위해 입에 침이 줄줄 흘러내린다. 들릴 듯 말 듯한 어조로 힘들게 토해내는 말은 "집에 가자."는 것이었다. 다시는 집에 갈 수 없다는 사실을 이미 짐작하고 있는 듯했다. 그녀 옆 침상에 있던 사람도 며칠 전에 숨을 거두었다고 간병인이 귀띔해 준다. 그녀의 손을 꼭 잡았다. 뼈마디가 앙상하게 드러나고 온기가 식은 손이 가늘게 떨고 있다. 죽음이 많이 두려웠던 모양이다. 밥 많이 먹고 건강해지면 집에 데리고 가겠다며 지키지 못할 약속을 하고 말았다. 병실 문을 나서며 참았던 눈물이 펑펑 쏟아진다. 어쩌면 그녀와 나의 연은 이게 마지막이라 생각하니 아기같이 우는 그 모습이 자꾸만 눈에 밟힌다. 문밖에서 한참을 서성거렸다. 텅 빈 주차장 가장자리에는 벚꽃이 만개해 눈이 부신다. 이렇게 생동하는 아름다운 계절도 새삼 서럽게 가슴에 와닿는다.

늦은 밤 해안선에 우뚝 선 아파트를 바라보며 광안대교를 자동차로 달린다. 고층 건물이라 불이 켜진 집과 꺼진 집이 하나하나의 점으로 보인다. 허공에 찍힌 수많은 점과 점이 한 가족의 보금자리라는 생각에 그만 가슴이 먹먹해 온다. 저 높은 곳에 점 하나 찍고자 지금도 어두운 긴 터널을 힘겹게 달리는 사람이 있을 것이다.

김환기 화백의 〈어디서 무엇이 되어 만나랴〉라는 작품이 불빛 속에 떠오른다. 화가는 김광섭 시인의 〈저녁에〉라는 시에서 영감을 받고, 그리운 고향 친구들을 생각하며 점을 찍고 또 찍었다고 한다. 집집이 불이 다 켜져 있고, 그 불빛이 밤바다를 배경으로 반짝이는 별처럼 보인다면 얼마나 아름답고 흐뭇할 것인가. 불이 켜진 집보다 꺼져있는 집이 더 많다. 아직 집에 돌아가지 못하는 요즈음 세대들은 잠재우지 못한 어둠을 한 무더기씩 붙들고 살아가는지도 모르겠다.

논산에 있는 명재고택을 찾은 적이 있다. 솟을대문이 없는 고택은 넓은 마당이 관람객을 편안하게 맞이했다. 자연과 더불어 청렴하게 살고자 했던 선비의 마음을 오롯이 느낄 수 있는 곳이었다. 오랜만에 흙을 꾹꾹 눌러 밟으며 마당을 걸었다. 집은 주인을 닮는다고 했던가. 조선 시대 덕망이 높고 청렴했던 선비의 집은 외양이 주는 위압감보다 정신의 깊이를 내면에서 읽을 수 있었다. 삼백 년이 지나는 세월에도 한 치의 흐트러짐이 없는 고택, 사랑채를 지나 안채에 들었다. 옛 모습 그대로 정갈하게 얼을 품고 있어서인지 걸음걸이도 사뭇 조심스럽다.

대청마루에 걸터앉아 하얀 지창이 눈부신 안방을 살짝 들여다본다. 문득 내 할머니의 잔기침 소리가 들려오는 듯했다. 주말이면 타관의 학교에서 막차를 타고 오는 어린 손녀를 마중하려고, 고샅길에서 찬바람을 맞으며 애타게 기다리고 계셨다. 시린 손을 감싸주며 엄마의 빈자리를 사랑으로 다독이시던 할머니, 그 따뜻한 품이 오늘따라 무척이나 그립다. 고택은 아린 추억으로 남아있는 고향 집 같다. 그런 연으로 자주 답사를 다니는지도 모르겠다.

요즈음, 여기저기서 주택 재개발 바람이 거세게 불고 있다. 산허리에 다닥다닥 붙은 지붕 낮은 집들이 그 바람에 어깨춤을 춘다. 참신하고 감각적인 품격을 지닌 아파트라는 분양 광고가 들썩거리는 마음을 부채질한다. 재개발 딱지를 들고 너도나도 살던 집을 미련 없이 버리고 떠난다. 빈집들은 개발이라는 광풍 앞에 처참하게 내몰린다. 삶의 흔적들이 나뒹구는 뒷모습은 폐허나 다름없다. 문득 요양병원의 그녀가 집에 가자고 당부하던 말이 떠오른다.

머지않아 이곳은 최첨단 자동기기가 접목된 새 아파트 지대로 바뀔 것이다. 실용성과 편리함 뒤에 흙을 잃어버린 인간의 정서는 그만큼 메마르지 않겠는가. 너와 나의 존재를 넘어서 사물과 사물이 자동센서로 연결되는 시대는 차라리 두렵다. 언덕배기 동백나무 몇 그루 남겨둔 채 사람들이 살았던 흔적은 모두 거대한 흙더미로 변했다. 곧 육중한 장비에 뿌리가 뽑힐 것을 동백꽃은 알고 있는 것일까. 만개하기도 전에 붉은 목숨을 툭 내려놓는다. 집도 흙으로 돌아가는 마지막 제의에 드는가. 차갑게 내걸린 하늘의 별도 오늘따라 창백하게 보인다.

병상에 홀로 누운 그녀가 돌아가기를 원하는 집은 어디일까. 배꽃이 하얗게 피는 유년의 과수원집일까. 아니면 네 남매를 품에 안고 부대끼며 살았던 파란 대문 집일까. 자녀들 모두 출가시키고 먼저 떠난 남편을 그리워하며 홀로 지낸 아파트는 아니겠지. 이미 삭아 빈집이나 다름없게 된 그녀의 몸은 낙엽처럼 바스러지고 있다.

노을이 지고 창가에 스멀스멀 어둠이 내리면 집에 있어도 불현듯 옛집이 그립다. 내 안의 내가 때로 집에 가자고 생떼를 쓴다. 아파트는 늘 낯설다.

사시나무야, 이제 떨지 마

유엔묘지를 에워싸고 있는 평화공원은 우거진 나무가 숲을 이뤄 수목원이라 부르기도 한다. 자태가 고운 크고 작은 나무들과 온갖 꽃들은 계절마다 무더기로 피고 진다. 잠깐만 머물러도 복잡한 심사가 차분하게 가라앉고 이내 머리가 맑아진다.

공원 가장자리에 만들어 놓은 둘레길은 바닥에 우레탄이 깔려있다. 몸이 불편한 사람도 무리 없이 걷고, 아기를 태운 유모차도 노인의 휠체어도 바퀴가 잘 굴러간다. 나는 허리를 곧추세우고 보폭을 늘려서 힘차게 걷는다. 잘 정돈된 잔디밭 사잇길을 지나고, 수련이 연보라 꽃대를 밀어 올린 연못을 지나 조각공원을 돌아오면 개울을 만난다. 하얗게 핀 갈꽃과 수초 사이에 크고 작은 남생이가 너럭바위에서 볕을 쬐고 앉아 있다. 언제 봐도 정겹다. 조잘조잘 구르는 물소리를 따라 걷다 보면 사시나무가 서 있는 곳으로 되돌아온다. 한 바퀴에 거의 천 보 이상은 걷는 셈이다.

주택이 밀집한 곳에 공원이 있다 보니 새벽인데도 사람들로 북적댄다. 잔디밭은 아예 강아지 놀이터이고 만남의 장소다. 앳된 남자는 달리기를 한다. 날씨가 제법 쌀쌀한데도 반바지와 티셔츠 차림에 탄탄한 근육질 몸매다. 허리가 개미같이 날씬한 아가씨는 귀에 이어폰을 끼고 속보로 걷는다. 긴 머리카락이 나풀거리며 생기발랄한 뒷모습만 봐도 예쁘다. 모두 내 앞을 휙휙 앞질러 간다. 저들처럼 싱싱하고 활기 찼던 나의 시절은 다 어디로 빠져 달아났을까.

오늘은 바람 한 점 없는 날씨다. 그런데도 사시나무 잎은 파르르 떨고 있다. 이 공원의 터줏대감이고 수호신으로서 유엔묘지의 아픈 역사를 지켜본 나무다. 평화공원이 조성되기 이전에는 고물상과 무허가 건물이 난립했던 곳이었다. 해운대 동백섬에 있는 누리마루에서 개최한 'APEC' 때 조성한 공원이다. 그 회의에 참석하는 세계 정상들이 자국의 장병들이 잠들어 있는 유엔묘지에 방문할 것을 염두에 두고 그 주변을 대대적으로 정비했다. 그 넓은 터를 공원으로 개발하면서 있었던 것은 다 파 헤쳐지고 허물어져 자취를 감췄어도 유일하게 제자리를 보존하고 있는 사시나무 세 그루다. 우람하고 당차게 생겼음에도 무엇이 불안한지 잎은 종일 달달 떨고 있다. 야무지게 지은 까치집도 두 채나 품었다. 봄이면 또 다른 새 생명이 태어나 공원의 아침을 활기차게 깨울 것이리라. 사시나무 가까이에 서면 언제나 가는 바람소리가 들린다. 참으로 기이한 나무다.

한 할머니가 휠체어에서 내려 할아버지의 부축을 받으며 천천히 걷는다. 삭정이같이 마른 두 노인네의 모습이 애잔하다. 자꾸만 눈길이 간다. 아뿔싸! 그만 몇 발짝 걷지 못하고 휠체어에 다시 앉는다. 할머니 손발은 사시나무 떨듯 떨고 있다. 그 모습을 안타깝게 지켜보는 할아버지의 눈빛은 처연하다. 부부의 연이란 마땅히 저들처럼 해야 하리라. 귀밑머리가 파 뿌리 되고, 백 년을 해로한다는 것을 노부부는 삶으로 보여준다. 차마 그 앞을 가슴 펴고 당당히 지나가질 못하고 보폭을 늦춘다. 평생을 동고동락하면서 병중에도 지아비의 보호를 받는 저 할머니는 참 행복한 여인이다.

혼자 걸을 때는 유튜브에서 소설을 듣는다. 오늘은 박완서의 단편소설 〈황혼〉이다. 교양 있고 영민한 며느리를 맞이하고 손자가 태어나면서 할머니가 된 시어머니와의 고부갈등을 그려내는 소설이다. 시어머니인 늙은 여자는 젊은 여자인 며느리에게 짐이자 근심 덩어리다. 노인네라고 볕도 들지 않는 골방에 지내게 한다. 며느리는 친구들과의 대화에서 어머니라는 호칭보다 늙은 여자라 호명하고, 가족 간의 대화에서도 무시하고 소외시킨다. 늙음에서 오는 고독과 소외는 효와 애정이 사라진 가족관계에서 온다. "아들은 젊은 여자의 남편이지 더는 내 아들은 아니다."라는 늙은 여자의 넋두리가 아프게 다가온다. 세월이 가면 누구나 늙게 마련이다. 젊은 여자도 늙어갈 것이 아니던가.

이른 아침인데도 공원을 걷는 사람이 젊은이보다 노인네들이 더 많다. 앞서가는 노인은 소설 속 주인공처럼 젊은 여자와 함께 살고 있을까. 거동으로 봐서 혼자 생활하기는 어려울 것 같다. 어쩌면 젊은 여자의 차가운 시선을 피해 새벽에 외로이 걷고 있는 것은 아닐는지. 상념들이 꼬리를 문다. 저 노인은 달팽이 걸음이다. 몸이 지팡이에 질질 끌려간다. 큰 가방도 하나 들었다. 힘없이 축 늘어진 낡은 면 가방이 노인을 더 초라하게 만든다. 달팽이가 자기 몸무게보다 더 큰 집 한 채를 짊어지고 기어가는 생과 닮아있다. 현재와 미래, 한참 지난 과거까지, 줄줄이 엮어 끌고 다니는 것 같아 보는 이의 마음을 더 무겁게 한다.

그런가 하면 중늙은이가 된 아들의 손을 잡고 걷는 할아버지는 걸음마 연습하는 어린아이 같다. 늙으면 다시 아이로 되돌아간다던가. 부자지간이라도 말 한마디 나누지 않는다. 신발도 옷도 새물내가 나도록 깔끔한 할머니는 딸의 손을 잡고 걷는다. 도란도란 이야기가 끝이 없다. 한참 걷다가 벤치에 앉아 김이 오르는 차를 마시며 웃음소리가 숲속에 낭자하게 퍼진다. 그렇구나, 정말 아들은 젊은 여자의 남편이란 이야기는 빈말이 아닌 듯싶다.

소설 속 늙은 여자는 가슴에 뭔가 뭉친 것 같이 명치가 답답하고 아팠다. 아들과 며느리에게 약손처럼 가슴을 만져주길 바랐지만, 그들은 늙은이가 노망났다고 외면해버린다. 아픈 가슴을 만져달라는 것은 당신의 외로움을 알아달라는 무언의 외침인데도 말이다. 많은 자식을 낳고 기르면서 애간장은 까맣게 타고, 육신은 삭아 문드러졌는데도 누가 알아줄까. 수명은 길어졌지만, 고독사가 어두운 현실을 조명하는 것 같아 먹먹할 따름이다.

아침 햇살이 비추자 젊은이들은 하나둘 바삐 떠나고 늙은 사람들만 남았다. 자식에게 짐이 되지 않으려고, 병들고 노쇠한 몸을 이끌고 걷는 모습이 애잔하다. 저건 운동이 아니라 발버둥이고 몸부림이다. 휠체어를 밀고 가던 노부부와 달팽이 걸음이던 할머니는 사시나무 아래 있는 벤치에 앉아 있다. 눈부신 햇살이 그들의 등을 포근히 감싼다. 인생에 부는 바람을 저항하지 않고, 온몸으로 받아들이며 순응해온 저들은 한 그루 든든한 사시나무다.

공원의 수호신 사시나무도 이제 단풍 든 잎을 모두 내려놓고 안식에 들 테다. 다가오는 봄날엔 또 푸릇한 새싹을 밀어내고 왕성한 생명력으로 되살아날 것이리라.

그러니 사시나무야, 이제는 떨지 마.

여름 맛

수박 한 덩이로 온 가족이 웃음꽃을 피운다. 잘 익은 노지 수박은 독특한 향이 있다. 비닐하우스에서 제아무리 정성을 들여도 자연이라는 거대한 농사꾼이 키운 맛과 어찌 견줄 것인가. 한겨울에 나오는 수박만 보더라도 녹색 줄무늬가 선명하고 과육은 붉고 달콤하지만 뭔가 조금 아쉬운 맛이다. 특히 과일과 채소가 그렇다.

맛에 대한 기억만큼 생생한 것도 없다. 주전부리가 귀하던 유년, 대청마루에서 방학 숙제를 하다가 지루하면 텃밭을 서성거렸다. 울타리에는 도라지꽃이 지천으로 피어 있었다. 봉긋하게 부푼 꽃봉오리를 손가락으로 톡톡 터트리면 펑펑 소리가 터져 이내 머리가 맑아지는 것 같았다. 가시가 숭숭한 오이와 덜 자라 야들야들한 보랏빛 가지에 눈독을 들였다. 애송이를 따먹다 할머니께 몇 차례 꾸중을 들었지만, 나도 모르게 자꾸만 손이 갔다. 오이 하나를 뚝 따서 몽당치마에 쓱쓱 닦아 금방 먹어 치웠다. 그 맛은 중독성이 강한가 보다. 먹을 것이 지천인 요즘도 시장 좌판에 있는 가지와 오이를 보면 입에 침이 고인다. 내 입맛은 아직도 어린아이에 지나지 않는 모양이다.

맛과 향은 식물에서만 있는 것이 아니다. 헛간에서 두엄 삭히는 냄새, 매캐한 모깃불 타는 냄새, 술독에서 보글거리며 술 익는 냄새는 뭇별이 쏟아지는 여름밤과 잘 어우러진다. 그러고 보니 눈에 보이지 않는 맛과 냄새도 고향이나 추억 속에 있을 때는 미각으로 환치되는 것 같다. 내 안의 그리움이 잘 발효된 달콤하고 쌉싸름한 막걸리 맛처럼 말이다.

그 오래된 맛과 향이 지금의 내 입맛을 까다롭게 만드는 것 같다. 새벽녘 산지에서 막 출하한 농산물을 사러 먼 길에도 도매 시장을 자주 간다. 그곳에서도 그때의 싱싱한 그 맛은 찾을 수가 없다. 대형 마트도 마찬가지다. 마음 구석구석에 쌓인 무게에 짓눌려 몸살이 나거나, 내 몸속에 새 생명을 잉태했을 때는 더더욱 간절해지는 맛이다. 몸은 미각으로 소통하는지도 모르겠다. 바쁜 생활에 휘둘리다 보니 몸이 전하는 말에 무심했다. 산란을 위해 모천의 물맛을 기억하고 회유하는 연어처럼, 내 몸의 유전인자도 고향 집 텃밭이 키운 싱싱한 푸성귀 맛을 찾아 곳곳을 헤맨다.

노지에서 재배하는 토마토를 사러 변두리 농장에 갔다가 뜻밖에 횡재를 했다. 잘 가꾸어진 넓은 토마토밭과는 달리 안쪽 가장자리에 두어 고랑은 잡초만 무성하게 보였다. 가까이 가서 보니 온갖 채소는 다 심어놓았다. 토마토 농사에 바빠 별 관심 없이 제쳐둔 농장주의 텃밭이다. 오이와 가지, 고추가 주렁주렁 매달렸다. 참으로 오랜만에 보는 유년의 텃밭 풍경이라 가슴이 두근거렸다. 이글거리는 뙤약볕에 시원한 산바람과 강바람이 키운 열매다 보니 크기나 모양이 제각각이다. 농장주가 오이 하나를 따서 건넸다. 그 자리에서 툭 분질러 한입 베어 먹으니 입안은 물론 가슴까지도 상큼한 파란 물이 가득 고인다. 갈증을 이내 가시게 하는 시원한 맛이다.

그래! 이 맛이야. 토마토는 뒷전이고 오이가 더 탐이 났다. 도깨비방망이같이 생긴 오이는 상품이 되지 않는다며 오천 원에 한 바구니 따준다. 가지와 고추도 비닐봉지가 터지도록 덤으로 얹어준다. 이게 순수한 고향 맛이고 넘치는 정이 아니던가.

약이 바짝 오른 고추는 손톱도 쉽게 들어가지 않는다. 붉으락푸르락 구부러지고 뒤틀린 모양이 여름 땡볕에 제 성깔대로 자란 것 같다. 요즘은 재래시장에서도 이런 고추는 보기 드물다. 어떻게 키웠는지 하나같이 크고 미끈하게 잘생긴 것뿐이다. 청양고추는 입에 불이 날 정도로 맵지만, 적당히 맵고 뒷맛은 들큼하고 감칠맛이 더해진 조선고추가 열무김치를 담그는 데는 제격이다.

초여름 장마가 시작할 무렵이면 열무는 수분을 흠뻑 머금어 서둘러 김치를 담근다. 그러나 똑 떨어지는 맛을 내기가 그리 쉽지는 않다. 줄기가 연하고 잎이 부드러워 살짝 건드리기만 해도 파랗게 멍이 들고 풋내가 나기 때문이다. 아삭거리는 식감을 살리기 위해선 재료를 살살 어루만지듯 조심스레 손질해야 한다. 보리쌀 가루 풀물에다 붉은 고추와 마늘, 무와 배, 양파를 갈아 넣고, 맑은 액젓과 소금으로 간을 하면 풋것의 비린내를 싹 잡아준다. 냉한 성질을 가진 열무와 따뜻한 기운의 양념이 서로 뒤섞어 칼칼하고 톡 쏘는 감칠맛을 풀어놓는다. 잘박한 국물에 오이와 열무가 아삭거리면서 묵은 체증까지 쑥 내려가는 맛이다.

며칠 전 달맞이언덕에 자리한 레스토랑에서 외식했다. 아이들이 제 아버지 생신이라고 마련한 자리다. 크고 작은 그림이 전시된 실내는 클래식 음악이 나지막하게 흐르고, 통유리창으로 보는 쪽빛 바다도 한 폭의 대형 그림이다. 짙은 루비빛 와인이 먼저 분위기를 끈다. 잘 익은 과일의 섬세하고 풍부한 향이 코끝에 살짝 감돈다. 한 모금 마시자 바닐라

향이 긴 여운을 남긴다. 부드러운 치즈를 곁들인 샐러드와 피자, 파스타와 스테이크는 입으로 먹는다기보다 눈으로 더 즐긴다. 아침에 먹은 찰밥과 미역국 탓인지 식욕이 영 동하지 않는다. 음식마다 듬뿍 들어간 올리브오일이 내 입맛에는 거슬린다. 그러나 아이들은 맛있다고 잘도 먹는다. 디저트도 상큼한 과일이었으면 좋았을 것인데 케이크다. 따끈한 커피 한 잔을 다 마셔도 더부룩한 속이 편치 않다. 바닷가를 한 시간 남짓 산책을 하고 집에 돌아와도 부글부글 끓는 속은 답답할 뿐이다. 저녁에 열무김치와 된장국을 먹으니 들끓던 속이 뻥 뚫리는 게 아닌가. 아삭하고 새콤한 물김치가 천연 소화제였다.

파스타를 즐기는 디지털 세대인 손자 녀석은 열무김치는 아예 거들떠보지도 않는다. 자라온 환경과 정서의 차이가 입맛까지 서로 갈라놓고 있다. 어릴 때 익힌 맛은 어른이 되어도 좀체 변하지 않는다. 그래서 아는 맛이 무섭다고 하는지도 모른다. 여름 내내 우리 집 밥상에서 떨어지지 않는 열무김치는 지난날 추억의 맛이요, 향수를 불러오는 맛이다. 그 음식 속에 내 유년이 고스란히 녹아있기 때문이리라. 얼음을 동동 띄운 열무국수에 냉장고에서 막 꺼낸 수박 한 덩이, 입안이 얼얼하다.

이 여름! 더위에 지친 입맛을 살려내는 나만의 별미다.

노란 소용돌이

노란 산국은 풍상에 부대낀 흔적이 뚜렷하다. 비틀어지고 휘어진 줄기가 분재인 듯 보이지만, 찬찬히 살피면 사람의 정성스러운 손길이 닿은 것 같지가 않다. 질그릇 화분에 뿌리를 감싸고 있는 흙이 아직 굳지 않은 것으로 보아, 어느 산길 바위틈에서 캐어 온 것이 분명하다. 몇 송이 성글게 달린 꽃은 향이 깊다. 계곡의 가을바람이 온몸을 훑고 지나가는 듯 자연 그대로의 모양새가 맘을 사로잡는다.

농산물 시장 들머리에 자리 잡은 화훼단지는 국화꽃이 먼저 걸음을 붙잡는다. 온실에서 튼실하게 자란 대국도 귀티가 나지만, 가지는 보이지 않고 온통 꽃송이만 한 아름 매달고 있는 소국이 더 탐스럽다. 여러 동물을 형상한 소국은 아름답기는 하지만 마음이 짠하다. 저 모양새를 갖추기 위해 꽃은 얼마나 힘든 고통을 감내해야 했을까. 마음대로 꽃 피우고 싶어도 그 행렬을 맞추느라 끙끙대며 참아야 했으리라. 마치 초등학생 매스 게임을 보는 듯 애잔하다.

식물도 제 나름의 아픔을 참아야만 고운 자태로 사람들의 눈길을 끄는 것이리라. 소국은 자연 그대로가 아름다운데 인위적으로 만든 모양새가 예쁘기는 하지만 안쓰럽다. 꽃집이 늘어선 도롯가는 샛노란 국화꽃 물결로 소용돌이친다.

얼마 전, 국화꽃 속에 파묻힌 그의 영정사진을 사흘이나 지켜보아야 했다. 숨을 거두기 이틀 전에 문병을 갔을 때도 그의 곁에 오래 머물지 못했다. 여느 때같이 며칠 병원에 입원해 있다 퇴원하면 되겠지 하고 안이하게 생각했다. 그러나 홀연히 가버렸다. 내 마음에는 아직 그를 떠나보낼 아무런 준비가 되지 않았는데 눈물만 하염없이 흘렀다. 문상객마다 술잔 가득 술을 따라 영정 앞에 올린다. 망자의 가족과 지인, 아들과 딸의 동료와 친구들까지 술을 권한다.

생전에 애주가였던 그를 가족들은 건강을 염려해 금주를 단단히 단속했었다. 그런데 오늘은 원도 한도 없이 마신다. 취기가 올랐는지 상기된 얼굴에 미소까지 띤다. 취중에 진담이 있다고 했던가. 멍하니 앉아 그를 지켜보아도 주사도 부리지 않는다. 속으로만 삼켜야 했던 그의 묵언을 국화꽃 향기로 듣는다.

죽음 앞에서 술이 원수라고 그의 피붙이들은 애통해한다. 하지만 그에게는 술이 가슴속에 묻어둔 절친한 친구였는지도 모른다. 한 집안의 대들보 같은 종손인 그가 모든 것을 버리고, 고향 집으로 들어온 것이 그의 운명인 것 같다. 군 소재지의 금융회사에서 높은 직위는 지인들의 금융 대출 부탁으로 시달려야만 했을 것 같았다. 그의 여린 성품에 모른 척하기엔 얼마나 괴로움이 컸을까. 이때 술은 모든 것을 해결하는 명약이고, 요물이며, 독약이 아니었을까. 어려운 일도 쉽게 성사시키고, 그 일이 잘못되면 속상한 마음을 달래기도 했으리라. 고객이 술이고, 친구가 술이고, 돈이 술이고, 대대로 내려오는 논밭도 술이 되고, 결국에는 사람까지 잡아가니 술은 어마어마하게 힘이 센 강적인 셈이었다.

삶의 끈을 내려놓으면 저토록 편안할까. 가슴속에 숨기고 있던 그리움도 상처도 원망도 다 부질없음을 입관하는 그의 표정에서 읽었다. 미처 하지 못했던 말들이 목구멍까지 차올라 마른침을 꾹꾹 삼켜야 했다. 그의 아들딸이 마련한 화사한 꽃다발을 관 위에 올리고 화장장으로 갔다. 이렇게 빈손으로 갈 걸, 허무가 가슴을 파고들었다. 우리는 그를 불구덩이에 넣고 꾸역꾸역 점심을 챙겼다. 식사가 끝날 무렵 그는 한줌의 재가 되어 아들 품에 안긴다. 눈이 시리도록 파란 시월의 하늘이 원망스러웠다. 차라리 소낙비라도 아니, 우박이라도 세차게 내렸으면 싶었다.

해거름에 가져온 산국은 거실에 어둠이 내리고서야 향기를 뿜어낸다. 진하지도 연하지도 않고 차분하게 가라앉는다. 담담하게 털어놓는 사유가 깊은 향이다. 거실은 국화 향으로 가득 채워져 가을을 절감한다. 휘어진 가지에 몇 송이 성글게 매달려 있는 꽃이 얄밉도록 샛노랗다. 텅 빈 마음을 이내 사로잡는다.

산국을 보고 있자니 불쑥 그가 떠오른다. 그는 한 가문의 종손으로 아주 영특했다. 살림은 물론 대청마루도 제대로 닦아보지 못한 나와 타관에서 공부하며 자취를 했다. 처음 해보는 밥은 고두밥 아니면 죽밥이고, 그것도 새까맣게 태울 때가 많았다. 그래도 그는 투정 없이 밥을 먹었다. 시험 기간이 되면 그는 밤을 새우다시피 했고, 새벽에 나를 깨워 부족한 공부를 가르쳐 주기도 하는 자상함도 있었다. 때로는 영어 단어를 제대로 외우지 못해 손바닥이 불이 나도록 맞았던 적도, 시험 성적이 오르지 않아 혼난 적도 많았다. 그 어린 나이에 그나 나나 무슨 소견머리가 있었겠나. 그는 항상 열심히 공부했고 동생을 꼼꼼하게 챙겨주는 오라버니였다.

수목장을했다. 생전 그의 소원이었다. 초상이 나고, 그의 종남들이 선산에 모시기 위해 준비를 하고 있었는데도 그곳에 묻히지 않았다. 종손의 책임을 다하지 못한 죄책감에 조상님이 누워 계신 선산에는 가기가 두려웠을 것이다. 시월의 팔공산자락은 단풍으로 곱게 채색하고 그를 품어 안았다. 그곳에 홀로 있는 것이 차라리 편할지도 모르겠다. 산국은 하얀 눈이 소복소복 내릴 때까지 그의 곁에서 노란 향을 피워 올릴 것 이리라.

가을볕이 거실 깊숙이 들어와 앉은 아침나절이다. 며칠을 꼿꼿하고 아름다운 자태를 보이던 산국이 시들하고 잎도 축 처진다. 서둘러 물을 주어도 생기를 찾지 못해 애가 탄다. 가만히 보니 바람이 그리운 모양이다. 베란다 창문을 활짝 열어놓고 바람이 잘 통하는 곳에 화분을 내놓았다. 저녁나절이 되자 꽃은 생기를 되찾고 또다시 향을 풍긴다. 그랬구나. 산바람이 그리웠나 보다. 꽃 앞에서 한참을 서성인다. 서늘한 가을바람에 그가 환영처럼 나타났다 사라진다.

국화꽃은 내 가슴속에서 노란 물결로 소용돌이친다.

비닐 가림막이 치렁치렁 둘러 처진 주차장은 자동차 번호판조차 식별하지 못할 정도로 어둑하다. 마치 남에게 보여선 안 될 불륜을 저지르는 곳이라고. 그 앞에 잠깐 주차 중인데도 행인들의 눈치를 살핀다.

4. 별난 여자

그녀의 텃밭
별난 여자
뜸들이는 시간
백만 송이 장미
오월 그 언저리
입동 즈음
꿈꾸는 고향집
옹이
봄날은 간다

그녀의 텃밭

텃밭을 처분했다. 건장한 남자들이 가격만 적당하면 당장 처리해 주겠다고 나섰다. 값을 흥정하는 도중에 약간의 줄다리기는 있었지만 일은 쉽게 성사되었다. 손길이 자주 가지 않아 지저분한 텃밭을 없애면 묵은 체증이 내려가듯 시원하리라 생각했다. 그런데 그게 아니었다. 몹시 허전했다. 그동안 텃밭에 쏟은 정이 한꺼번에 무너지는 것 같았다.

상추와 치커리 잎이 싱싱하게 자라고 방울토마토와 고추가 조롱조롱 달려있던 모습이 눈에 어른거렸다. 봄에 모종을 사서 심고, 하루에도 몇 차례씩 새싹을 지켜보며 들락거렸던 텃밭이었다. 상추는 떡잎이 지고, 새잎이 제법 자라도 따서 먹기가 아까웠다. 토마토와 고추도 별 같은 꽃을 하얗게 피우더니 열매를 맺었다. 바짝 마른 꽃을 배꼽에 매단 모습에서 갓 태어난 아기를 보는 듯 신기했다. 나날이 눈이 호사를 즐겼다.

아침저녁으로 식물이 자라는 모습을 가까이에서 관찰하는 재미는 삶의 활력소가 되었다. 남편도 수세미의 여린 덩굴이 기어오를 수 있도록 지지대를 설치해 주면서 연한 풋것들에 관심을 보였다. 자식들이 제짝을 찾아 떠난 빈 둥지에서 우리는 손에 흙을 묻혀가며 이 일을 즐겼다고나 할까. 허전한 마음자리를 채워주는 위안거리로 식물들이 그 몫을 톡톡히 해내고 있었다.

아파트 주거 환경이란 틀에 박힌 오늘 내일이다. 층간 소음 문제가 이웃 간에 눈을 부릅뜨고 있어, 자신도 모르게 공동 주택 규범이란 것에 묶인다. 그러다 보니 조심성과 신경과민증이란 말을 자주 들먹거리게 된다. 내 집에 살면서 내 집이 아니란 생각을 하는 때도 종종 있다. 마당 없는 집에, 그것도 나무 한 그루 심을 수 없는 획일적이고 삭막한 공간이다 보니 숨이 막힐 때가 더러 있다. 그런 답답함에서 벗어나고자 베란다에 크고 작은 플라스틱 상자를 들여놓고 텃밭을 만들었다.

고향집 남새밭이 그리울 때는 가까운 남창 오일장을 가끔 찾는다. 텃밭에서 키운 채소는 크기나 모양새가 제멋대로다. 어수룩한 촌뜨기처럼 장마당 좌판에 퍼더앉았으니 볼품이 더 없다. 잡초들과 부대끼며 자란 탓일까. 거친 잎사귀에 풋풋한 향이 진하게 배어 있다. 나물을 담는 노파의 순박하고 푸근한 인정도 덤으로 얻어온다. 반면에 대형 마트에 가면 지천으로 쌓인 온갖 채소를 만날 수 있다. 하나같이 모양새가 반듯하다. 게다가 말쑥한 몸단장까지 더했으니 더 싱싱하고 탐스럽게 보인다. 도시에서 반들반들하게 생활하는 사람들은 이것들만 골라 담는다. 냉장고도 마트서 사 온 채

소와 시골 오일장에서 사 온 채소를 용케 구분해낸다. 텃밭에서 키운 것은 며칠을 보관해도 상하지 않는데 상품으로 재배한 채소는 이내 물러진다. 오냐오냐 키운 자식이 환경 변화를 견디지 못하고 쉽게 좌절하듯이 말이다.

주말에 딸내미 가족들에게 같이 고기를 구워 먹자고 전했다. 손자 녀석과 함께 손수 키운 잎을 딸 생각을 하니 신바람이 났다. 오래전에 담양에서 사 온 동글한 대바구니도 미리 꺼내놓는다. 녀석과 마주앉아 할미의 종갓집 넓은 텃밭 이야기를 도란도란 나누리라. 손바닥에 상추와 치커리 잎을 포개놓고 구운 고기를 올려서 볼이 미어터지도록 먹는 상상을 하니 입가에 미소가 절로 번진다. 잠이 쉽게 들지 않아 거실을 서성거리다가 베란다로 나갔다. 관심과 사랑을 먹은 식물들도 잎이 더 풍성하게 자랐다.

그런데 이게 웬일인가! 파란 상춧잎에 작은 물체가 꼬물꼬물 기는 것이 눈에 들어온다. 애벌레들이 잎을 갉아 먹고 있었다. 세상에! 이십층이나 되는 아파트 베란다까지 벌레가 들어오다니 소름이 돋는다. 어디서 생겨났는지 알 수 없는 일이다. 알이 슬었을 것을 생각하니 아무리 깨끗이 씻는다 해도 도저히 먹을 엄두가 나지 않았다. 손자와 함께 나눌 이야기도 그만 물거품이 되고 말았다.

그 일로 며칠 베란다 문을 열지 못했다. 어디서 벌레를 끌고 왔다고 그이와 한바탕 잔소리 전쟁을 치르다가 상추를 모조리 뽑아버렸다. 방울토마토와 고추가 열매를 조롱조롱 달고 있으니 그나마 마음의 위로로 삼았다. 약차 달인 찌꺼기를 먹은 토마토는 볼이 발그레했다. 그런데 초파리란 놈이 한 마리씩 날아다니더니 순식간에 수십 마리가 창문에 까맣게 붙어있는 게 아닌가. 대에는 진딧물도 끈적끈적하다. 살충제로 지상전, 공중전으로 대소탕전을 펼쳤다. 누가 이기나 보자고 잔뜩 벼렸다. 약 한 통을 다 뿌리고 다시 문을 꽁꽁 닫았다.

다음 날, 날것들은 하나도 보이질 않는데 토마토와 고춧잎이 시들시들하다. 물을 흠뻑 뿌려주었는데도 생기를 못 찾고 누렇게 변했다. 나의 과욕이었다. 식물도 척박한 환경에서 살아남으려면 모진 한뎃바람에 시달리는 아픔을 겪어야 했다. 그러면 병해충에도 끄떡 않고 튼실하게 자랄 터인데 말이다. 이렇게 창문을 닫아걸고 유리 온실이나 다름없는 환경을 만들어 준 내 실수를 절감하곤 한숨이 절로 나왔다.

수필가 박연구는 자식들을 위해 '외가 만들기'를 했으나, 나는 가족들을 위해 텃밭을 만들었다. 베란다 가득 플라스틱 상자를 들여놓고 흙을 부어 고향을 심었다. 얼핏 한 풍경이 눈에 들어온다. 이른 아침 광주리 가득 찬거리를 준비하시던 할머니와 과묵하신 아버지가 텃밭을 둘러보신다. 농사꾼 흉내를 내는 딸을 보고 아버지가 빙그레 웃으신다. 울타리 너머로 찔레꽃잎이 하얗게 날리고, 연분홍 작약이 흐드러지게 피었다. 늙은 약도라지 꽃을 배경으로 칠월은 깊어간다. 나의 꽃이고 열매였던 자식들도 튼튼하게 뿌리를 내리고 어지간한 바람에도 흔들리지 않지만, 어미의 텃밭이 궁금한지 자주 안부를 전한다. 생각만으로도 즐거웠던 텃밭이었다.

태풍 '찬홈'이 북상하면서 비바람이 세차게 몰아친다. 나뭇가지들이 중심을 잃고 비틀거린다. 그 사이로 폐기물 운반

트럭이 베란다에 있던 플라스틱 상자를 싣고 지나간다. 텅 빈 베란다에서 한 여자가 그것을 내려다보고 있다. 창문에 사정없이 떨어지는 빗줄기가 그녀의 마음속에 빗금을 긋는다. 거기 플라스틱 화분을 텃밭이라고 부르면서 추억을 들여다보던 웃음소리도 함께 멀어져간다.

별난 여자

경주에서 저녁놀을 뒤로한 채 감포에 도착했다. 땅거미는 이미 바다로 내려앉고, 정박한 배들이 어깨를 맞대고 쉬고 있는 포구는 소박하면서도 정겹다.

숙박할 장소를 예약도 없이 나선 길이라 하룻밤 묵을 곳을 찾아 거리를 두리번거린다. 주말이라 가족을 동반한 여행객들이 제법 눈에 띈다. 바다가 내다보이는 전망 좋은 곳은 대부분 모텔들이 차지하고 있다. 화려한 불빛으로 개업을 알리는 현수막이 바닷바람에 펄럭이며 눈길을 끌어당긴다. 그이가 새로 지은 건물이니 깨끗하겠다며 내부를 둘러보러 안으로 들어간다. 비닐 가림막이 치렁치렁 둘러쳐진 주차장은 자동차 번호판조차 식별하지 못할 정도로 어둑하다. 마치 남에게 보여선 안 될 불륜을 저지르는 곳이라고 주차장이 스스로 말해주는 것 같다. 그 앞에서 잠깐 주차 중인데도 행인들의 눈치를 살피게 된다. 내가 당사자가 된 듯 묘한 기분이다.

실내를 둘러보고 온 그이가 흡족한 듯 아주 깨끗하다며 들어가자고 한다. 나는 싫다고 펄쩍 뛰었다. 아무리 새집이고 경치가 좋아도 모텔은 부정적인 곳이라는 선입견을 갖고 있었기 때문이다.

“뭐 어때서 창밖에 바다도 보이고, 실내도 깔끔해서 아주 좋구먼. 당신은 뭐가 그렇게 꼬질꼬질하게 따지고 불만이 많은데?”

“모텔은 불륜커플이 불 지르는 곳이지 평범한 사람들이 잠자는 곳은 아니잖아요.”

"모텔만 불 지르나, 호텔도 불 지르지. 당신이 무슨 요조숙녀라고…."

우리는 차 안에서 한참을 옥신각신했다. 그의 언성이 점점 높아진다. 계속하다간 집으로 가자는 소리가 나올 판이다. 이때는 침묵이 금이다. 속내가 맥주 거품처럼 부글부글 끓어오른다. 결국은 내 뜻대로 호텔로 갔지만 늦은 시간이라 구석진 방이다. 건물이 노후되어 내부는 낡고 누추했다. 그나마 새 이부자리가 정갈해서 마음에 들었다. 그곳에 여장을 풀었지만, 그이는 여전히 못마땅한 표정이 역력했다.

"아이고! 이 별난 여자야, 당신은 와 그리 별나노?"

바닷가로 내려와서 저녁을 먹고 느긋하게 방파제를 산책했다. 한 걸음 한 걸음 발자국을 뗄 때마다 그의 말이 후렴구처럼 밟힌다. 허름한 포장마차에서 새어 나오는 불빛이 뱃길을 밝히는 등대 불빛처럼 따뜻하고 푸근하다. 힘든 하루를 보낸 가장의 무게를 이곳에 와서 내려놓으라고 손짓을 하는 것 같다. 천막 사이로 목청을 한껏 높인 걸쭉한 사투리가 뒤섞여 흘러나온다. 이 시대 가장들이 어디서 저렇게 허심탄회하게 세상을 쏟아내겠는가. 간간이 토해내는 굵고 긴 한숨의 무게가 천 근쯤은 넘어 보인다. 술잔 부딪히는 소리에 사투리도 한숨도 파도 속으로 풍덩 풍덩 빠져든다. 파도는 이 세상의 모든 소리를 집어삼키고도 모른 척 딴전을 피운다.

별난 여자라고 몰아붙이던 그와 나는 손을 잡고 말없이 해변을 걷는다. 큰 파도가 밀려와 방파제를 힘껏 때리고 산산이 부서진다. 파도는 하얀 물거품을 낳고 저만치 멀어져간다. 잠잠하다. 부부 사이는 이런 거라고 바다가 한 수 가르쳐주는 것 같다. 구름이 가려진 밤하늘에는 초승달이 우리를 졸래졸래 뒤따라온다. 일렁이는 물결처럼 별들도 서로 봐달라고 반짝이고 있다.

새벽녘에 일출을 보기 위해 다시 바닷가를 찾았다. 고요하던 바다가 술렁이기 시작한다. 밤새 야간작업을 마친 어선들이 깃발을 앞세우고 들어오고 있다. 허리가 굽은 늙은 어부의 환한 미소에서 만선임을 짐작한다. 선창에서 흰 수건을 머리에 쓴 할머니가 노인을 기다리고 있다. 노인이 잡아 온

물고기를 사기 위해 물차를 끌고 온 상인들도 줄줄이 서 있다. 펄떡거리는 아귀를 차량으로 옮기는 사이, 바다에서 갓 건져낸 아침 해가 솟아오른다. 맑고 싱싱하다. 허리춤에 찬 할머니의 주머니가 두툼해질수록 웃음소리도 커져만 간다.

"저 할매, 참 웃긴다. 밤새 고기는 영감이 잡았는데 돈을 할매가 다 챙기네. 늙으나 젊으나 별난 인간은 다 여자들이다."

그이의 우스갯말에 포구는 웃음바다가 된다. 젊음이나 늙음을 떠나서 모든 세상살이가 이렇게 단순하고 명쾌하면 얼마나 좋을까. 그러고 보니 나는 매사에 선입견과 편견 따위로 세상을 편가르기 하는 식으로 살아온 것 같다. 모텔이 금지 구역이라는 나만의 잣대를 들이대고서 세상에 각을 세우고 살았다는 생각이 스친다. 삶이라는 힘든 길을 묵묵히 동행하는 부부라는 길동무, 어쩌다 사나운 감정에 휘말리더라도 언제 그랬냐는 듯 서로를 아끼며 챙겨주지 않는가. 우리는 식당에서 갈매기 날갯짓을 보며 아귀탕으로 아침을 먹었다. 금방 잡아서 끓인 말간 국물 맛은 시원하고 담백했다.

낯선 포구에 또 하나의 인연과 추억을 남겨두고 우리는 떠

나왔다. 동해를 끼고 꼬불꼬불 내려오는 국도는 송림과 어우러진 해수욕장이 비경이다. 바다와 울창한 숲, 길가에 핀 들꽃까지 도시를 탈출한 우리를 축복해 주는 것 같다. 기장 어디쯤 '도자기 공원'이라는 팻말이 햇볕에 반사되어 나를 반긴다. 예전부터 꼭 가 보고 싶었던 곳이다.

"저기 도자기 집이 나를 자꾸 부르는데 잠깐 들렀다 갑시다."

"마 갑시다. 또 뭐 살라고 그라요? 집에 있는 그릇들도 다 쓰지도 못하면서."

그이가 가시 돋친 쑥기미처럼 툭 쏘아붙인다. 나는 말의 가시에 찔리면서도 떼를 썼다. 또 별난 여자란 면박을 듣고서야 도자기 집에 내렸다. 도자기 공원에는 여러 가지 다기와 그릇이 전시되어 있었다. 구석진 선반 위에 크지도 작지도 않고 앙증맞은 나눔 잔에 눈이 꽂혔다. 선이 부드럽고 한 손에 잡으면 살포시 감싸 쥐어질 크기다. 전통 가마에서 구워낸 것으로 굽과 입술, 몸통의 균형이 잘 맞고 적당한 두께가 만질수록 마음에 든다. 투명한 빛깔에 살결마저 뽀얗다. 마음이 어수선한 날, 맛과 향이 순하고 색이 맑은 우전차를 우려 마시리라. 무엇이 담기더라도 어울릴 것 같은 잔의 유혹에 그만 넘어가고 만다.

집에 오자마자 진하게 우려낸 오미자차를 찻잔에 담았다. 찻잔 속에서 감포 바다의 일출이 일렁인다. 태양을 순산한 듯 붉디붉은 찻물 위에 얼려둔 청매 꽃잎을 한 송이 띄워 그이에게 건넨다.

"아이고! 이 별난 여자야, 별난 짓은 골라가며 다 하네."

뜸들이는 시간

아뿔싸! 손님을 앉혀놓고 이런 실수를 하다니. 압력솥에서 기관차 불통 소리가 주방을 흔든다. 허연 밥물을 줄줄 게워내던 추가 맹렬한 기세로 돌고 돈다. 잽싸게 화력을 낮추어도 쉽게 멈추질 않는다. 아무래도 구수한 밥맛은 기대를 접어야겠다.

쌀을 씻어 불려 놓는다는 것을 깜빡 잊었다. 마음이 급했다. 압력밥솥에 서둘러 생쌀을 안치고 불을 세게 올렸다가

이 변고가 일어난 것이다. 잔손이 많이 가는 반찬을 미리 만들어 놓고 밥을 지으려고 했다. 그래야만 식탁에 찬을 차리는 동안 밥에 뜸이 들어 고슬고슬하고 윤기가 도는 갓 지은 밥을 먹을 수 있기 때문이다. 그러나 오늘은 완전 떡밥이다.

밥주걱에 척 달라붙는 밥을 푸다가 문득 유년의 기억이 떠올랐다. 할아버지는 진밥을 아주 싫어하셨다. 그렇다고 된밥도 아니고 밥 알갱이가 살아있어야 한다고 하셨다. 찬에 대해서는 무난했지만, 밥만은 까다로우셨다. 종갓집 대식구에 일하는 아재들까지 많은 밥을 한솥에 잘하기가 쉬운 일은 아니었을 것이다. 일가친척이 다 모이는 대소사는 좀 많았을까? 가마솥 뚜껑 위에 벌겋게 달아오른 숯덩이를 올려놓고 밥 뜸을 들일 때도 있었던 것 같다.

"너거 어미는 정월 초하루부터 섣달그믐까지 한솥 밥이었다."

해거름이면 할아버지는 가끔 약주에 취기가 거나하게 오르곤 했다. 그런 날에는 가슴에 품고 있던 아린 맘을 술기운에 토해내곤 하셨다. 평소에는 과묵한 할아버지셨다. 늘 사랑채에 계시다 안채 대청에 앉아 술잔을 기울이시면 집안은 비상 상태나 다름없었다. 헛간에 누워있는 누렁이만 오물오물 여물을 씹을 뿐, 식구들은 발걸음도 조심스러웠다. 그것은 단지 밥 타령만이 아니었다. 일찍 생을 마감한 종부에 대한 애틋한 그리움이었으리라. 삼백육십오 일을 한결같은 맛으로 밥을 지었다면, 그 어떤 무엇으로도 그 같은 추억을 서술할 방법이 없었으리라. 살림 솜씨나 맵시, 어느 것 하나 흠잡을 것 없이 어른들의 사랑을 받았다던 그녀, 그래서 당신의 생은 그렇게 짧았는지도 모르겠다.

반찬은 만들어도 밥은 짓는다고 표현한다. 목수가 나무를 짜맞추어 집을 짓듯이 밥도 어쩌면 고도의 기술이 필요함을 말하려고 했을까. 요즘 전기밥솥은 스위치만 누르면 도깨비 방망이처럼 뚝딱 원하는 밥이 된다. 그러나 압력솥이나 냄비로 밥을 할 때는 물도 적당해야 하지만, 특히 뜸을 잘 들이는 것이 맛있는 밥을 지을 수 있는 기술이다. 가마솥에서 밥이 뜸들 때는 하얀 김을 한숨처럼 토해내며 연신 눈물을 줄줄 흘렸다. 솥 안에서 곡식도 푹 퍼져 한데 어우러지는 고통을 참는 것이리라.

항간의 대선 정국이 한마디로 아수라장이다. 유권자들의 표심을 얻기 위한 선거 전략이 네거티브 양상으로 치닫고 있다. 그야말로 의혹과 폭로에 따른 생짜배기 말들이 난무한다. 가족 간에 듣기에도 민망한 욕설이 오가고, 사적인 자리에서 스스럼없이 나눈 대화를 녹취해서 정치에 이용하는 야비한 사람들도 속출하고 있다. 아무리 흉금을 터놓고 얘기를 나누는 사이일지라도 하지 말아야 할 말이 반드시 있게 마련이다. 내 속에 있는 말까지 발설한 사람도 잘못이 크다. 서로 간에 믿고 나눈 말들이 어떤 가공할 무기보다 더 무섭다는 것을 실감하고 있다. 할 말, 안 할 말을 쏟아내고 다시는 쳐다보지도 않을 듯이 냅다 퍼붓고 돌아서서 이내 사과하는 어설픈 실수를 범하기도 한다. 어쩌다 이렇게 불신하는 세상이 되었는지 모르겠다. 상대에게 말 한마디를 하더라도 뜸들이듯 두세 번 생각하는 배려가 사라지고 있다. 뜸을 잘 들인 말은 당사자의 교양과 품격도 높일뿐더러 등을 돌린 원수도 다시 손을 잡게 한다지 않던가.

아파트라는 주거 환경이 사람들을 속이 좁은 좀팽이로 만드는 것은 아닐까. 낙향한 옛 선비들은 숲속에 정자를 짓고 자연과 벗하며 풍류를 즐기고, 세상사를 고뇌하며 시문을 논하곤 하였으리라. 그들은 정제되지 않는 말은 하는 것보다 참고 삼가는 마음을 더 소중하게 생각했을 터이다. 옛 시문에는 구절마다 함축된 사유가 절절하다. 그만큼 말 한마디도 함부로 하지 않고 철저하게 아꼈으리라는 생각이 든다.

할아버지도 심사가 뒤틀린 날은 뒷짐을 지고 바깥마당을 무시로 왔다갔다하셨다. 소나무가 우거진 앞산을 멍하니 바라보고 서 계시는 날도 많았다. 영민한 종손을 사고로 가슴에 묻고, 그 여파로 가슴앓이하던 종부까지 따라 잃었으니 애통함이 오죽했을까. 새벽에 살포를 어깨에 메고 들에 나가 논배미를 둘러보고 오는 날은 온밤을 하얗게 새운 날이었음을 그때는 몰랐다. 잠시라도 아픈 상처를 잊고 싶은 마음이 간절했을 터이다. 지금 생각해도 가슴이 먹먹하다.

언니들 틈에 밥도 빨래도 제대로 해보지 않았던 막내가 덜컥 육 남매 맏며느리가 되었다. 형제가 많은 맏이라고 언니들은 결혼을 무척이나 반대했었다. 그때마다 시동생이 많아 참 재미있을 것이라며 언니의 걱정을 무마시켰다. 그러나 막상 그 많은 식구와 한집에서 맏며느리로 생활한다는 것은 생각처럼 재미있고 쉬운 일은 아니었다.

"말 한마디도 두세 번 생각하고 하라."는 큰언니의 당부가 가슴을 무겁게 짓눌렀다. 목구멍까지 차고 올라오는 말을 삼키는 날도 많았다. 그런 날에는 먹은 음식도 소화가 되지 않고 부글거렸다. 시부모님과 함께 지낸 삼십 년이 넘는 세월, 딸이며 작은아들들이 몇이나 있어도 돌아가실 때까지 보름을 밖에서 주무시지 않았다. 두 분 다 말수가 적고 성품이 올곧고 온화한 분이셨다. 고부간에 이해를 따지거나 얼굴 붉히는 일도 한 번도 없었다. 그러나 내 마음은 항상 긴장하고 있었지 싶다. 그래선지 나는 임플란트를 열두 개나 심었다. 꿀꺽꿀꺽 삼킨 감정들이 입안에 가시가 되어 잇몸이 녹아내렸는지도 모르겠다. 불쑥불쑥 치받는 말을 꾹꾹 눌러서 다독이고 뜸을 들이면서 내 몸은 생채기로 대신해 그 지난한 시간을 견뎌냈던 것 같다.

뜸들이는 시간! 한방에서 침이나 뜸을 놓아 몸을 다스리듯, 밥알이 익어 퍼지도록 충분한 시간을 할애하는 것이다. 이는 완성되기를 바라는 마음으로 여유를 갖기 위함이다. 매일 밥 짓는 소소한 행위에도 이렇듯 휴지休止가 필요하다는 뜻이리라. 밥을 뜸들이고, 말을 뜸들이고, 생각을 뜸들이고, 삶을 뜸들이다 보면 날것이 익고 숙성이 된다. 참으로 고유하고 깊이 새겨들어야 할 아름다운 말이다.

그것은 기다림의 미학이다.

백만송이 장미

불그레한 플라스틱 물통 서너 개에 뭉텅뭉텅 꽃을 꽂아놓았다. 크고 화려한 꽃보다 소박하고 작은 꽃송이를 다발로 묶은 것이 대부분이다. 갖가지 꽃을 조화롭게 섞어 한아름의 꽃다발을 만들어 줄 수도 없다. 이 더부살이 꽃집 할머니는 꽃을 파는 것보다 주변의 쓰레기를 치우는 일에 더 신경을 쓰는 것 같다.

대단지 아파트 들머리에 있는 '겐츠 베이커리' 본점은 인테리어가 아주 감각적이다. 말끔한 통유리창 안에 진열된 상품들이 눈길을 끈다. 상호에 멋쟁이라는 표현처럼 맛과 멋이 공존하는 것 같은 분위기다. 부산에서 꼭 먹어봐야 하는 빵집 중에 다섯 손가락 안에 드는 곳이라고 자부심이 대단하다. 근처만 가도 고소한 냄새가 후각을 자극한다. 밝은 조명등에 비친 갖가지 빵들은 쳐다만 봐도 입에 침이 고인다. 입구에 꽃이 있으니 한결 더 운치가 있어 보인다.

계절마다 색다른 꽃을 다루는 수더분한 주인장은 감성이 예사롭지 않았다. 향긋한 프리지어와 안개꽃으로 봄을 열고, 오월에는 꽃송이가 앙증맞은 장미로 싱그러움을 더한다. 때로는 고향집이 떠오르는 작약이나 청보리가 나와 있어 얼른 사가기도 한다. 그러고 보니 내가 그리워했던 꽃이 종종 있었던 것 같다. 꽃값도 입소문이 자자한 이 가게의 빵 한두 개 값에 불과하다.

그날은 비가 내렸다. 저녁나절에 이웃에 사는 딸내미 집에 갔을 때였다. 마침 퇴근해 들어온 사위가 하얀 종이에 싸인

붉은 장미꽃 한 묶음을 딸에게 내밀었다. 무슨 기념일인가 싶어 딸에게 살짝 물었다. 그런데 딸내미는 "엄마는 그것도 몰라. 비 오는 수요일은 빨간 장미를!" 그 말을 듣는 순간 얼굴이 화끈거렸다. 사위는 "비가 오는데 꽃장수 할머니의 꽃이 많이 남아 있었어…."라며 미소를 흘린다.

그러고 보니 딸내미 집에는 꽃이 떨어질 날이 없었던 것 같다. 손자 녀석이 받아쓰기 백 점을 받아도, 부부간에 약간의 입씨름을 한 날도 꽃장수 할머니의 꽃을 팔아주기 위한 명분은 다양했을 것이리라. 한 묶음의 꽃이 주는 감동은 참으로 신선하고 아름다운 멋이 아닌가.

문화재 답사를 가기 위해 첫 새벽에 지하철을 탔을 때였다. 해운대에서 출발해서인지 아직도 피서지의 열기가 남아 후끈했다. 땡볕에 까맣게 그을린 건장한 사내가 다리를 길게 뻗은 채 정신없이 졸고 있다. 밤이 새도록 백사장에서 뒹굴다 온 모양새다. 낭만을 한껏 즐기는 젊음이 마냥 부러웠다.

그 사람들 틈에 긴 머리카락이 어깨까지 찰랑거리는 소녀가 앉아 있다. 다소곳하고 청순해 보인다. 붉은 장미꽃 두 묶음을 품에 안고 옷매무새도 흐트러짐 없이 단아하다. 해변에서 연인의 사랑 고백을 받았을까? 아니면 아침 출근길이었을까? 소녀와 장미꽃에 자꾸만 눈길이 간다. 싱그럽고 아름다운 장미꽃 향기로 팔월의 후덥지근한 무더위쯤은 금방에 확 날아가 버리는 것 같았다.

젊은이들에겐 아주 흔하게 주고받는 꽃이지만, 나는 아직도 그이한테서 꽃을 받아본 기억이 없다. 생일과 결혼기념일은 꽃이 흔한 오월과 유월인데도 말이다. 지난날에는 시부모님을 모시고 대가족이 함께 살다 보니 아예 꽃은 생각하지도 않았다. 그런데 지금은 단둘이 살고 있지 않은가. 한 번쯤은 꽃도 선물할 수 있을 텐데 여전히 무관심이다. 유달리 꽃을 좋아하는 나를 알면서도 말이다. 평소에 하지 않던 짓을 하면 큰일난다는 그이의 변명이자 지론에 수긍해야 할 판이다.

그러던 그가 지난번 결혼기념일에는 네모반듯한 봉투 하나만을 툭 내밀었다. 두툼한 모양새가 신경 써 담은 듯은 하지만, 이렇게 낭만 한 톨이 없어서야. 순간, 어정쩡하고 머쓱한 침묵이 흘렀다. 이를 지켜보던 딸내미의 장난기가 발동했다. 봉투를 빼앗아 가더니 백만 송이 장미꽃이라고 큰 글씨로 적었다. 모두 박장대소가 터졌다. 순식간에 나는 백만 송이 장미꽃을 그이로부터 받은 셈이 되었다. 그날 밤은 왠지 쉽게 잠이 오지 않았다.

그이는 육 남매의 맏이다. 부모님을 모시고 동생들과 한집에서 살다 보니 그의 성품에 차마 꽃을 안고 들어오지는 못했을 것이다. 기제사는 많고 집안 대소사에 이런저런 일이 줄을 이었었다. 쑥쑥 커가는 우리 아이들 먹이고 가르치는 것까지. 가장이라는 짐을 혼자 짊어지고도 힘든 내색 한번 하지 않았다. 항상 든든하게 버티고 있는 그의 배후는 깊고도 안락했다.

저녁나절이 되면 꽃집 할머니는 마음이 바쁘다. 꽃을 한 묶음 들고 행인들을 호객한다. 남은 꽃을 보관할 곳이 없는 모양이다. 물통에 어정쩡하게 허리를 걸치고 있는 장미 두 묶음을 샀다. 집에 오자마자 유리 화병에 꽃을 꽂아두니 차가운 대리석 식탁은 이내 온기가 돌고 주방은 짙은 향기로 가득하다. 오늘 저녁은 소찬으로 차려도 풍성할 것 같다.

얼마 후면 결혼기념일이다. 탁자 위 달력에다 붉은 펜으로 커다랗게 동그라미를 친다. 백만 송이 장미를 은근히 기대해도 좋으려나.

오월, 그 언저리

대기 번호 24번을 받았다. 그나마 서둘러 도착해서 그렇지 번호표는 계속 이어진다. 홀 안에 있는 사람보다 밖에 기다리는 사람이 더 많다. 주말 점심 한끼를 먹기 위해 너무 가혹한 기다림이다.

성미 급한 그이는 해변의 찬바람을 맞고 마냥 서 있는 것이 몹시 불편한 모양이다. 사위와 손자만 아니라면 당장에라도 돌아서고 싶은 눈치다. 딸내미는 엄마 아버지가 아주 좋아할 음식이라며 애교 어린 목소리로 분위기를 띄운다.

메뉴는 간단하다. 대합조개로 우려낸 육수에 소고기, 전복, 가자미가 들어간 다양한 미역국 전문집이다. 요즈음은 생일이 아니더라도 자주 끓여 먹는 미역국이 아니던가. 그런데 이렇게 많은 사람의 마음을 사로잡는 것은 과연 어떤 독특한 맛의 비법이 있는지 궁금하다. 그 호기심에 자꾸만 홀 안을 기웃거린다. 바깥으로 새어 나오는 구수한 냄새에 시장기가 배속에서 꾸르륵거리며 돌고 돈다.

한 시간 가까이 지나서야 겨우 자리를 잡았다. 하얀 사기그릇과 놋그릇에 담긴 찬이 먼저 식탁 위에 올려졌다. 음식 온도에 따라 그릇을 달리한 주인장의 섬세한 안목이 예사롭지 않다. 이 한 가지만 봐도 음식 맛에 신뢰가 간다. 특별한 요리가 있는 것도 아니다. 우리 식탁에서 자주 먹는 찬이지만, 음식 재료의 색감이 살아있고 맛도 순하고 담백하다. 정성을 들인 손맛이다.

이 집의 주인공인 미역국은 까만 뚝배기에 넘치듯 담겨있다. 파란 미역이 뚝배기 안에 들어가 보글보글 제 속을 끓이면서도 식감은 팔팔하게 살아있다. 뽀얀 진국이다. 간기가 적당하게 배인 깊고 푸른 바다가 뚝배기 안에 오롯이 들어찼다. 국물을 한 숟가락 떠서 간을 본다. 하얗게 부서지는 파도 소리와 찰랑찰랑 반짝이는 물비늘이 입안에 가득 고인다. 어떤 수식어로도 표현하기 힘든 잘 익은 바다 맛이다.

여자는 제 몸안에 바다를 품으면서 엄마가 된다. 그 바닷물을 몸 밖으로 뭉텅뭉텅 쏟아낸 그녀들이 자식들과 어울려 화기애애한 분위기에 식사한다. 남녀노소가 제가끔 자신의 어머니가 품고 있던 바다를 기억하며 바다를 떠먹는다. 뜨거운 국물을 목 안으로 삼키면서도 속이 시원하다고 감탄한다. 답답하게 막힌 속을 확 풀어주는 데는 미역국이 명약인 모양이다.

아침나절부터 시작된 진통이 밤을 꼬박 새우고 날이 어두워져서야 첫아이를 순산했다. 누구도 대신해 줄 수 없는 극심한 통증이었다. 가물가물한 의식 너머로 들리는 아기의 울음소리가 정신을 번쩍 들게 했다. 막연한 두려움과 설렘으로 기다린 아기였다. 눈도 채 뜨지도 못한 새 생명은 발목에 어미의 이름이 새겨진 끈을 매달고 내 품에 안겼다. 아이를 껴안는 순간 '나'는 없어지고 이 아기를 책임져야 할 '엄마'라는 이름으로 다시 태어났다. 엄마라는 단어 하나가 가지는 무게는 육중했다. 미처 생각지도 못했던 것이었다. 가슴을 짓누르는 아프고 묵직한 그것은 어쩌면 환희의 무게였을까. 나도 모르게 하염없는 눈물이 흘러내렸다.

내 몸속의 모든 것이 송두리째 빠져나가고 빈껍데기만 남은 것 같았다. 숲속에서 본 벌레의 허물처럼, 한 생명을 밀어낸 내 몸은 누더기 거푸집이나 다름없었다. 허기가 지고 손가락 하나 꼼짝할 기운도 없이 온몸이 나락으로 떨어지는 느낌이었다. 어머님이 미역국과 하얀 쌀밥을 들고 오셨다. 병원에서 식사가 나오는데도 손수 끓인 미역국을 먹이겠다고 새벽같이 달려오신 것이다. 국이 식을까 봐 보자기로 몇 번이나 단단히 동여맸다. 미역보다 쇠고기가 더 많았다. 뽀얗게 우려낸 진국이다. 속옷이 흠뻑 젖도록 땀을 흘리며 국 한 대접을 다 비웠다. 한 차례 거대한 폭풍우가 훑고 지나간 뒤의 느낌이랄까. 미역국은 몸과 마음을 평온하게 잠재웠다. 말수가 적은 어머님의 속마음을 미역국에서 읽을 수 있었다. 이미 고인이 되셨지만, 아직도 그 맛은 오래 기억 속에 또렷하게 남아 있다

딸내미는 생선 살을 발라서 손주 녀석 밥그릇에 올려준다. 근래 들면서 부쩍 키가 많이 큰 탓인지 삐쩍 말라 보이는 체구가 신경이 쓰이는 모양이다. 국이 식어가고 있는데도 자식만 챙기는 딸이 안쓰럽다. 지난날의 내 모습이 환영처럼 스쳐 간다. 식구가 많은 맏며느리 자리는 식사 때마다 동동거려야 했다. 아버님과 그이가 출근하고 나면 도시락을 두 개씩 들고 학교에 가는 도련님들이 혼을 쏙 빼놓았다. 마지막으로 아이들을 먹이고 나면 내 밥상은 항상 온기가 식어 있었고, 생선은 뼈를 앙상하게 드러낸 채 접시에 누워있었다. 하루하루가 고달프고 힘든 시기였지만 아이들의 엄마이기 때문에 참고 견뎠는지도 모르겠다.

뚝배기에 들어있는 전복 두 마리를 모두 건져서 딸내미 그릇에 슬쩍 넣어준다. 딸은 손사래를 치며 다시 내 그릇에 넣는다. 이미 한 아이의 어미가 되었지만, 내 눈에는 마냥 철부지

로 보이는 딸이다. 어릴 때 엄마 냄새가 좋다며 자주 품을 파고들던 아이다. 딸은 어떤 냄새로 엄마를 기억하고 있을까.

어느 요리사는 자식들이 엄마가 보고 싶다고 하면, 엄마가 해주는 음식을 몹시 먹고 싶다는 뜻이라고 했다. 길거리마다 보이는 것이 식당이다. 하지만 입에 길든 익숙한 맛을 찾아내기란 쉽지 않다. 아무리 먹어도 질리지 않는 맛은 엄마의 손맛이 아닐는지. 미역은 제 치마폭 아래 수많은 생명체를 키우듯 엄마는 응당 제 자식들에게 끊임없는 모성을 베풀고 있는 것이리라. 미역국 한 그릇 먹겠다고 저렇게 하염없이 기다리는 행렬에 가슴이 뭉클해진다.

오월 맑은 날, 품을 떠난 자식들을 불러야겠다. 아들이 좋아하는 양배추김치와 파김치를 담그고, 딸이 잘 먹는 꾸들꾸들 마른 가자미도 조리고, 손자 녀석이 좋아하는 닭강정은 제일 먼저 만들어야지. 녀석은 엄지손가락을 치켜세우며 우리 할머니가 최고라고 할 것 같다.

아이들은 엄마의 향기를 오랫동안 소중한 기억으로 가슴에 품을 것이리라.

입동 즈음

아직도 색이 곱디곱다. 가냘픈 가지마다 빨강, 노랑, 분홍의 장미꽃이 소담스럽게 피어있다. 내일 지나 모레면 입동이다. 절기는 날씨로써 존재를 알리는지 살갗에 스치는 바람이 제법 차다. 산간지방에는 서리가 내리고 얼음도 얼었다고 한다. 꽃은 찾는 이 없어도 저 혼자 피고 지면서 꽃 세상을 만들어간다. 아마도 차가운 땅속에서 피 끓는 청춘들이 정염으로 피워내는 꽃이리라.

이곳은 유엔묘지다. 한국전쟁으로 전사한 사만여 명의 장병들이 잠들어 있는 어둡고 슬픈 죽음의 공간이다. 그러나 화사한 꽃과 짙푸른 나무들이 정렬되어 있어 죽음과는 다른 분위기를 안겨주는 엄숙하고 호젓한 곳이다. 그러고 보니 이곳의 모든 식물이나 물상, 하물며 수로에 물까지도 군인 정신으로 무장 되어 있는 듯하다. 나무와 꽃은 한 치의 흐트러짐 없이 자태가 반듯하고, 흐르는 물도 티끌 하나 없이 맑다. 보는 자체만으로도 사람들을 성찰하게끔 한다. 그냥 멍하니 바라만 봐도 복잡하게 뒤틀린 심사가 이내 가지런해진다.

엊그제 가깝게 지내던 문우 신창선 선생님을 떠나보냈다. 지금쯤 영락공원 다비장에서 꽃불로 활활 타오르고 있으리라. 아니다. 불꽃 더미에서 속세의 못다 한 정열의 춤을 훨훨 추고 있을지도 모르겠다. 나는 우두커니 서서 곱게 물든 애기단풍나무를 쳐다본다. 생의 마지막 열정을 토해내는 나무는 붉다 못해 핏빛으로 물들어 있다. 저 나무도 입동이 지나면 단풍 든 잎은 모두 내려놓고 앙상한 나목으로 생을 견디리라.

고인의 황망한 죽음으로 심란해진 마음을 추스르느라 이 공원을 어슬렁거리고 있다. 죽은 자의 공간에서 산 자의 삶을 되돌아본다. 불시에 들이닥친 죽음이라는 이 기막힌 사실을 부정하고 싶어서이다. 미처 생각지도 못한 채 설마 하던 그 죽음이 우연찮게 현실로 내던져진 것이다. 선생님의 작품집에서 시리즈물로 탐색한 '메멘토 모리'를 떠올린다.

"자신의 죽음을 기억하라.", "너는 반드시 죽는다는 것을 기억하라."는 목소리가 함의한 죽음이 이렇게 황망히 세상과 작별하는 것이었을까.

고인은 매주 옆자리에 앉아 수필공부를 함께해 온 문우다. 보름 전만 해도 제각기 써온 작품을 읽고 동료들과 합평을 했다. 그의 비평은 언제나 매섭고 날카로웠다. 그날은 수업을 마치고, 점심을 먹고 밥값도 내셨다. 우리 반에서 한 사람뿐인 유일한 남학생이다. 차를 마시며 시답잖은 화제로 깔깔거리며 수다를 떨기도 했다. 그것이 마지막이 되고 말았다.

고인과는 십 년 넘게 매주 목요일이면 만났다. 같은 아파트 단지에 살다 보니 함께 차를 타고 가면서 많은 이야기를 나누었다. 누구보다 인연이 깊다. 수필을 배우겠다고 유병근 선생님이 가르치는 교실에 처음 왔을 때부터 고인은 조금 남달랐다. 겉으로 보이는 인상은 다소 까칠하고 예민해 보였으나, 내면은 정이 많고 따뜻한 사람이었다. 두 주일쯤 지나자 작품 한 편을 써 왔다.

벌써! 모두 어안이 벙벙한 눈치였다. 글을 읽고 난 선생님은 수작이라고 크게 칭찬을 하셨고, 우리도 그의 탁월한 문장력에 깜짝 놀랐다. 그리고 얼마 후, 《교육 세상 실루엣》이라는 두툼한 교육에세이집을 한 권 받았다. 교육 지침서이나 나름대로 인생 철학이 담긴 상당한 수준의 글이었다. 그랬구나! 딸내미 둘을 서울대에 보냈다는 게 아무나 하는 것이 아님을 알게 되었다. 교육계에서 정년 퇴임을 하신 이후로 여러 분야에서 인문학 등 다방면의 강의를 듣고 계셨다. 배움에의 열정이 대단하셨다. 요즘은 불교 경전 공부를 한다고 했다. 난해한 법문을 이해하기가 고행이라며 고개를 잘래잘래 흔드는 모습이 아직도 눈에 선하다.

유엔묘지에는 죽은 자의 세계와 산 자의 세계, 그 경계를 가르는 곳에 수로가 있다. '도은트' 수로다. 위쪽에는 장병들 묘역이 있고, 아래쪽은 넓은 녹지대로 조성되어 있다. 한국전쟁 중 유엔 전사자로서 최연소자의 성을 따 수로의 이름을 지었다 한다. 때 묻지 않은 영혼이다. 그래서 이곳을 흐르는 물은 막 솟아난 샘물처럼 이렇게 맑고 깨끗한 것이리라. 물속에는 쪽빛 하늘과 흰구름이 노닐고 있다. 열일곱 살, 그 나이는 친구가 한창 좋을 때가 아니던가. 조국도 아닌 남의 나라 전쟁이 뭐 그리 중요하다고, 유엔군이 무엇인지나 알고 참전했을까? 우리 아이들 같으면 고등학교 일학년이다. 한창 공부에 매진할 자식을 이역만리 전쟁터에 보내고, 그 부모는 얼마나 애간장을 태웠을꼬? 그러고 보면 모든 죽음은 운명이 아니겠는가.

수로를 지나 산 자의 세계를 걷는다. 단풍잎이 후드득 떨어져 발 앞에 구른다. 이제 돌아올 수 없는 강을 건너간 고인은 어디든 훨훨 자유롭게 날아다닐 것이다. "인생 최고의 지혜는 성스러운 죽음을 인식하고 실천하는 일이 아닐까?" 하고 설파하던 고인의 음성이 오늘따라 허공에서 맴을 돈다. 이제 한줌의 재가 바람이 되어 "이어도 사나"를 애타게 부르다 가신 어머니와 일본에 가서 돌아오지 못한 아버지의 손을 잡고, 가슴에 쌓인 회포를 원 없이 푸시길 기도한다.

해거름이 되자 하늘은 어둑해지고, 바람이 더 세차게 분다. 낙엽은 흩날리고 장미 꽃대를 사정없이 흔든다. 입동이 지나면 저 장미꽃도 소신공양하듯 고운 잎 다 떨어지리라. 그 낙화 속에서 형형한 선생님의 눈빛을 본다.

수필로서 제2의 인생을 활짝 꽃피우다 가신 고인의 명복을 빕니다.

꿈꾸는 고향집

한옥은 띠살문이 정갈한 남향집이었다. 한지로 새로 바른 문이 북통처럼 팽팽해지면 가을바람은 북채를 치면서 판소리처럼 훨훨 스쳐 지나가곤 했다. 방안에서도 벌레 소리나 낙엽 구르는 소리가 다 들렸다. 살아 꿈틀거리는 미세한 자연의 소리를 그대로 들을 수 있었다.

안마당에 키가 큰 감나무 잎이 낙엽이 되어 바람에 뒹굴 무렵, 철새들은 해마다 어김없이 찾아왔다. 아침나절부터 날아드는 까마귀 떼들로 앞산은 이내 새까맣게 물이 들었다. 겨우내 까마귀의 공간이었다. 신작로 건너 큰 들은 청둥오리들이 날아와 파릇파릇 돋아난 보리 새싹을 삽시간에 먹어 치우곤 했다. 미나리를 심어놓은 논은 오리들이 미꾸라지를 잡아먹는다고 뿌리를 들쑤셔 피해가 이만저만이 아니었다. 궁리 끝에 논귀 여기저기에 깡통 요령을 긴 줄에 매달아 겁을 주었다. 그 소리에 오리들은 놀라기는커녕 풍물놀이쯤으로 아는 듯, 오히려 무리를 지어 오다가다 사람들을 약 올리곤 했다.

고향 집에서 삼십 리나 되는 우포늪에서 날아온 철새들이 태반이었다. 주남저수지와 우포늪을 오가다 쉬어가는 곳이 앞산이고 들판이었다. 새들의 수런거리는 소리가 방안에까지 들릴 때면 큰 옹기 항아리에 담근 동치미 국물에 살얼음이 얼었다. 안방 화로에 둘러앉아 삶은 고구마와 알싸한 동치미를 먹던 생각만 해도 입안에 침이 고인다.

여름철에는 천둥 번개가 치고 소낙비가 자주 내렸다. 마을 앞 개울이 범람하면 낙동강 물은 이십 리 길을 단숨에 거슬러 올라왔다. 알토랑 같은 논밭을 누런 황토물이 갈아엎었다. 겨우 뿌리를 내린 벼는 목덜미 넘치도록 물에 잠겨 허우적거렸다. 밤새 잠을 설치던 할아버지는 어슴푸레한 새벽에 논둑에 앉아 한숨만 토해냈다. 그런 날 아침이면 마당에는 커다란 두꺼비가 엉금엉금 기어 나와 퉁방울 같은 눈동자를 굴리며 집안 여기저기를 살피고 있었다. 너무 상심하지 말라는 듯한 눈빛이었다. 집지킴이라며 함부로 대하지 말라고 할머니는 몇 번이고 당부했다.

고향의 옛집은 지금도 그대로 자리를 지키고 있다. 그러나 철새는 한 마리도 찾아오지 않는다. 그뿐만이 아니다. 초하루 보름날 할머니가 용왕님께 치성을 드리던 맑은 개울물도 바짝 말라버렸다. 방망이로 빨래를 두들기던 둥글납작한 돌은 허연 백태를 머금고 말라가는 세월을 아쉬워하고 있다. 어깨에 살포를 메고 둘러보던 할아버지의 논배미는 양어장으로 변했다. 그 양어장이 들어선 뒤론 마을의 깊은 우물물도 다 말랐다고 한다. 철새가 떠난 이유를 알 듯했다.

아파트 유리창에 부딪힌 바람이 미끄러져 길을 잃고 밤새 울부짖는 소리를 듣는 때도 있다. 그 소리에 나도 모르게 창밖에 귀를 댄다. 그런 밤에는 옛날의 창호지 문틈으로 살랑거리던 바람 소리가 그립다. 종횡무진으로 솟구치는 철새의 날갯짓 소리가 환청으로 들리는 듯하다.

고향을 떠난 뒤 고향은 한갓진 유물처럼 마음속에만 살아있다. 나는 고향 쪽으로 흘러가는 구름에 눈을 준다.

옹이

심정지라고 했다. 날벼락 같은 큰언니의 비보는 시간이 지나도 가슴이 아리고 일이 손에 잡히지 않는다. 여든다섯이란 세월의 풍파에도 그런대로 건강했었다. 차라리 요양병원에라도 며칠 누워있다 갔으면 이렇게 황망하지는 않았을 테다. 부모를 여읜 것과 형제를 잃는 것은 또 다른 슬픔이다. 고목의 그늘에 의지하던 큰 가지가 갑자기 툭 부러진 것 같은 참담한 나날의 연속이다. 그 쓰라린 마음을 달래고자 계획도 없이 길을 나섰다.

구절초 축제를 하는 임실 옥정호에 닿았다. 소나무 군락지 사이사이로 구절초가 지천으로 피었다. 호수에서 피어오르는 물안개와 새하얀 구절초가 몽환의 풍경을 자아낸다. 십오 년이라는 세월을 거치면서 인위적으로 가꾼 모습은 보이지 않고, 자연에 그대로 스며들어 동화되고 있었다. 노송과 어우러져 한 폭의 거대한 그림을 대하는 듯 장관이었다. 꽃멀미가 난다는 의미를 절감하고도 남는다. 그윽하면서도 때론 쌉싸름한 향은 매우 강했지만, 수수하고 소박한 자태는 은은하게 품에 안겼다. 너른 꽃밭 위로 가을바람이 일고, 파란 하늘에 뭉게구름은 무희가 된다. 꿀벌처럼 꽃 무리 속에 머리를 밀어 넣고 사진도 찍었다. 삶이 늘 이렇게 활짝 핀 꽃 같다면 얼마나 좋을까.

가설무대에서는 젊은이들이 기타를 치며 신나게 노래를 부른다. 구경꾼들도 어깨를 들썩거리며 리듬을 탄다. 꽃 축제가 아니라 사람 축제다. 마이크에서는 사람이 꽃보다 아름답다고 소리를 질러댄다. 그러고 보니 구절초만 아름다운 꽃이 아니라 이곳의 누구나 다 꽃이다. 꽃바람에 실려 어디선가 고소한 냄새가 후각을 자극한다. 언덕 아래는 또 다른 거대한 축제장이 질펀하게 벌어졌다. 전국의 맛집과 장꾼들은 다 모인 것 같다. 특산품 하나 정도는 사야 여행 온 기분도 나지 싶었다. 딱히 살만한 물건이 없어 어슬렁거리는데 눈이 번쩍 뜨이는 귀물을 만났다.

느티나무로 만든 도마와 소반이다. 요즘 도마는 음식을 담는 도구로도 쓰이기 때문에 다양한 크기와 모양새로 다듬어졌다. 크기가 작을수록 참하다. 또 걸음이 잡혔다. 머릿속에는 벌써 소반 위에 얹을 물건과 도마에 차려놓을 간식과 브런치 음식을 염두에 둔다. 이리저리 살펴도 둘 다 탐이 난다.

그런데 이건 또 뭐지? 소반 한쪽 귀퉁이에 엄지가 드나들 정도의 새까만 구멍이 뻥 뚫렸다. 아, 이럴 수가! 얼마나 큰 고통을 겪어야 저렇게 내밀한 상처를 보듬을 수 있을까. 가슴이 무너져 내리는 아픔이 전해진다. 옹이가 화인처럼 박혀있는 게 아니라 아예 썩어 문드러져 쑥 빠져버렸다. 나무가 상처를 치유하기 위해 얼마나 애를 썼는지 그 상흔이 그대로 남아있다. 새살을 밀어 올리느라 가장자리가 도도록하게 솟아있다. 그 새살마저도 까맣게 썩어 화석처럼 굳었으니 나무는 결국 옹이를 포기한 모양이다. 나무의 옹이가 그려낸 그 아픔이 읽혀 가만히 소반을 쓰다듬었다.

한옥과 정자를 짓고, 흙집에 황토 찜질방을 만든다는 주인장은 어디를 훑어봐도 평범한 농사꾼 같았다. 느티나무는 색이 곱고 목질이 단단해서 결을 잘 살릴수록 좋은 작품을 만들 수 있다고 한다. 볕에 그을린 새까만 얼굴에 수염이 텁수룩한 그를 다시 쳐다보았다. 그랬다. 그는 나무의 결을 다스릴 줄 아는 안목 있는 남자였다. 그러고 보니 진열된 그 많은 작품은 하나같이 기하학적이고 입체적인 추상을 보는 듯 특별했다. 생이 다한 나무가 이렇게 아름다운 상처를 품고 있었다는 사실에 마음이 울컥했다. 가지가 부러진 자리에 옹이가 박이고, 생채기로 깊은 홈이 패었어도 항상 늠름하게 서 있었으리라. 나무도 사람처럼 아픔을 삭인 채 세월을 나는 것을 미처 생각지도 못했지 싶다.

하필이면 꽃 축제에서 이런 소반을 만나다니 참으로 묘한 기분이다. 옹이를 다독이며 내내 언니를 생각했다. 맏이로서 엄마의 빈자리를 대신해 동생들을 살뜰히 챙겨야 했으리라. 나는 언니에게 아픈 손가락이고, 까맣게 썩어 문드러진 옹이였을 것이다. 어려서부터 결혼할 때까지 줄곧 언니를 따라다녔으니 말이다. 당신이 한 가정을 꾸리고 자식을 키우고 살면서 친정 동생을 데리고 있다는 것이 얼마나 힘든 가슴앓이였을까? 그때는 몰랐다. 언니 집에서 직장을 다녔고, 결혼하고서도 된장, 고추장, 젓갈은 다 퍼다 먹었다. 김치를 담그거나 추어탕을 끓여도 이내 전화가 온다. 종갓집 맏이로 자라 그런지 음식 솜씨도 뛰어났다. 특히 김치 맛은 일품이었다. 그런 언니가 있어 엄마의 빈자리를 한 번도 애달프게 생각해 본 적이 없었다.

소반의 옹이는 나무가 죽어서야 마주하는 흔적이다. 휘몰아친 폭풍우에 뿌리째 뽑혔거나 벌목공의 톱날에 쓰러지고서야 그 아픈 속내를 드러낸다. 살아있는 나무에선 내면보다 듬직한 겉모양만 볼 수 있었다. 소반의 옹이가 언니의 생애를 고스란히 보여주는 듯하다. 까맣게 탄 언니의 애간장

속으로 수없이 드나들었을 내가 보인다.

오늘은 언니의 세 번째 재를 지내는 날이다. 법당에는 향내가 가득하고, 스님의 염불 소리는 낭랑하다. 고인의 영정을 물끄러미 바라본다. 옥색 치마저고리에 자주색 고름이 단아하다. 피부가 맑아 얼굴은 나이가 무색할 만큼 곱다. 후덕한 품새다. 만나는 사람마다 대천 한바다 같은 성품이라 했다. 한 번도 힘든 내색을 보이지도 않았다. 그게 더 내 마음을 아프게 하는지도 모르겠다. 눈물이 자꾸만 흐른다. 부디 극락왕생하길 빌고 또 빈다.

아침 산길에서 하얗게 핀 구절초 두어 가지를 꺾었다. 구멍이 뚫린 소반 밑에 물을 담은 유리컵을 끼우고 꽃을 꽂았다. 살아남기 위해 발버둥쳤던 까만 옹이는 꽃에 가려 흔적도 없이 사라졌다. 소반 위에 쌉싸름하고 향이 맑은 국화차를 우려놓고 언니와의 추억 여행에 빠져든다.

봄날은 간다

"엄마! 아빠 몰래 새살림 차렸어요?"

갖고 있던 그릇도 다 정리한 마당에 왜 자꾸 그릇을 사는지 아무래도 수상하다는 딸내미의 지청구가 속사포처럼 들린다. 신발을 사려고 아울렛 매장을 들렀는데 신발은 사지 않고 또 그릇을 샀으니 딸내미 잔소리를 듣고도 남을 일이다.

그릇 가게를 보면 홀린 듯 그냥 지나치지를 못한다. 진열해 놓은 그릇이 갖가지 표정으로 나를 유혹하는 모양이다. 얼마

전에도 이번이 진짜 마지막이라고 단호한 의지를 내보이며 두루 쓰임새가 있는 도자기 그릇을 사고, 조약돌처럼 생긴 수저 받침도 샀다. 그런데 오늘, 또 사고를 쳤다. 적당히 깊이감이 있는 커다란 도자기 접시와 앞 접시에 마음이 꽂혔다. 은은한 색감이 무엇을 담아도 담음새가 돋보일 것 같다.

작년에 주방을 수리하면서 백자 그릇과 자주 쓰지 않는 그릇들을 지인의 식당에 모두 보냈다. 이제 명절이나 기제사는 집안 식구들만 지내는 터라 격식을 차리기보다 가벼운 그릇으로 편하게 사용한다. 어린 시절 소박하게 차려진 개다리소반에는 보시기, 종지, 접시 등 작은 그릇들이 대부분이었다. 식사 시간에 다리도 맘대로 펴지 못하고 한마디 말도 없는 아주 엄숙한 분위기였다. 그런데 요즘에는 어른과 아이가 격이 없다. 한가족이 식탁에 모여 앉아 화기애애하게 식사하기 때문이다. 음식도 작은 그릇보다 넓은 그릇에 담으면 맛깔스럽고 푸짐해 보인다.

어머님의 손때가 묻은 부엌살림과 새댁의 새 그릇이 찬장에 나란히 놓이면서 한 집안의 맏며느리가 되었다. 요리를 배우면서 제일 탐나는 것은 그릇이었다. 그것은 예나 지금이나 마찬가지다. 주방 찬장에 예쁜 그릇이 차곡차곡 쌓여 있으면 손님이 와도 신바람이 났다. 그때는 주로 백자 그릇을 많이 사용했다. 백자는 은근히 타협하지 않는 꼰대 같은 고집이 있다. 정갈함은 있어도 부드러운 느낌이 적어 음식을 담을 때는 바짝 신경을 써야 한다. 그런가 하면 은근한 색이 감도는 도자기 그릇은 어떤 음식을 담아도 분위기가 살아난다. 백자 그릇이 한식만 고집한다면, 도자기 그릇은 색상에 따라 한식이나 양식에도 두루 잘 어울린다고나 할까.

그릇도 시대 따라 변하는지 요즘 젊은이들이 선호하는 그릇들은 독특하고 화려한 문양에 개성이 넘친다. 톡톡 튀는 감각이 그릇에서도 나타난다. 이러한 그릇들은 단번에 시선은 끌지만, 음식을 담았을 때 채소가 가진 고유의 색감은 잘 살려내질 못한다. 그러나 발랄한 젊은 세대들이 좋아하는 퓨전 음식이나 브런치와 디저트 요리에는 잘 어울린다. 화려하고 독특한 문양의 찻잔은 귀티가 나는 아름다움을 지니고 있어 기성세대인 나도 눈독을 들일 때가 있다.

그릇은 제가끔 용도에 맞게 쓰일 때가 가장 빛이 난다. 얼마 전 주방을 리모델링하면서 찬장에 있던 그릇들을 모두 꺼냈다. 작은방과 거실 베란다가 발 디딜 틈도 없이 빽빽하게 쌓였다. 마흔일곱 해 동안 맏며느리로 살아온 삶을 이 그릇들에서 오롯이 읽을 수가 있었다. 남겨둘 것과 없앨 것을 이쪽과 저쪽으로 나누어 분류했다. 곰국과 추어탕을 끓이질 않으니 차곡차곡 쌓아놓은 옹기 뚝배기를 먼저 저쪽으로 보냈다. 무더운 여름 밥상을 시원하게 했던 유리 그릇은 크리스털만 남겨두고 모두 저쪽이다. 유기와 근래에 산 도자기 그릇들은 뽁뽁이에 싸서 잘 챙겼다.

이제 가짓수와 양이 제일 많은 백자 그릇을 처분할 차례다. 아버님과 어머님 생신상, 일가친척이 다 모인 회갑연, 하나뿐인 시누이를 시집보내고 네 명의 동서를 맞이하면서 큰일을 많이 치른 그릇들이다. 그중에서도 딸내미 결혼 날을 받아놓고 시끌벅적한 함진아비들을 접대한 일과, 참하고 마음에 쏙 드는 며느리를 들이면서 사돈 가족을 청했던 기억들이 그 그릇 속에 고스란히 담겨 있다. 흑갈색 교자상 위에 진설한 요리들은 음식 고유의 색이 살아있어 정갈하고 맛깔스럽게 보였다. 그런 날은 온종일 동동거려도 즐겁고 행복했다. 음식 만드는 사람이 즐거우니 그 감정이 먹는 사람에게 고스란히 전해졌으리라.

백자기 앞에서 멍하니 서 있었다. 남겨둬야 하나 없애야 하나 한참을 망설였다. 전통 가마에서 구운 것이라 하얀빛이 맑고 고와 소중하게 챙기던 것들이다. 이제 그릇이 가지는 무게가 버겁고, 식구들이 다 떠나간 마당에 집에서 접대할 손님도 없지 않은가. 나이 들어 자주 사용하지 않으면서 욕심만 부리면 그릇을 쌓아놓고 살아야 할 판이다. 한참을 궁리 끝에 슬그머니 저쪽으로 밀어붙인다. 그 외에도 자질구레한 그릇과 도구들을 미련 없이 저쪽으로 내보내니 이쪽에 시원한 여백이 생긴다. 옹기종기 쌓여 있는 저쪽 그릇들이 아직 쓰임새가 있는데 왜 홀대하느냐고 항변이라도 하는 것 같았다. 식구가 많고 내 삶이 한창일 때는 하나같이 소중하고 애착이 가던 물건이었다. 막상 편을 갈라 구분을 끝내니 섭섭하면서도 홀가분하다.

그릇의 용도라는 게 욕망하는 대로 처지가 달라지는 것 같다. 그릇 파는 가게에서 홀리듯 새로 산 그릇들도 유행을 지나 마음이 변하면 가차 없이 내치니 말이다. 문득 내 마음의 용량을 담은 그릇이 궁금해진다. 수다스러움 없는 조촐하고 호젓한 빗살무늬가 그려진 막사발이면 좋겠다. 소박한 품새를 잃지 않는다면 세상이 아무리 바뀌어도 쉽게 변하지 않고, 무한한 사랑을 담아낼 것 같아서다. 여유롭고 수더분한 마음처럼 말이다.

저녁밥을 짓는데 새로 산 접시가 저절로 눈에 들어온다. 비색이 얼비치는 그릇은 야채 샐러드를, 살굿빛이 살짝 감도는 접시에는 두릅과 취나물, 쌉싸름한 머위 순과 가지나물을 모둠으로 담았다. 오이를 넣은 열무김치는 쑥빛 그릇에, 노릇하게 구운 고등어는 연갈색 접시에 놓는다. 미더덕을 넣은 달래된장찌개는 뚝배기에서 보글보글 끓고 있다. 도자기 그릇에서 느껴지는 부드러운 색감과 차분함이 미각은 물론 시각, 후각, 촉각을 자극하고 있다. 봄을 만끽하는 진수성찬이다.

창밖에는 벚꽃이 하르르 흩날리고 있다.

아직은 꽃

신서영 수필집

인쇄 2022년 12월 20일
발행 2022년 12월 25일

지은이 신서영
발행인 서정환
펴낸곳 수필과비평사
주소 서울시 종로구 삼일대로 32길 36(익선동 30-6 운현신화타워 빌딩) 305호
전화 (02) 3675-3885, (063) 275-4000 · 0484
팩스 (063) 274-3131
이메일 sina321@hanmail.netessay321@hanmail.net
출판등록 제300-2013-133호
인쇄 · 제본 신아출판사

ISBN 979-11-5933-455-9 03810
값 13,000원

본 도서는 2022년 부산광역시, 부산문화재단 〈부산문화예술지원사업〉의 지원으로 제작되었습니다.